Captain Futura

Grafiken für eine bessere Welt

YES

MIX
Papier aus verantwortungsvollen Quellen
FSC
www.fsc.org
FSC® C002795

Der Umwelt zuliebe
wurde dieses Buch auf
FSC-Papier gedruckt

Weltkugel, Seite 24, 38, 39, 80, 100 / © Miroslava Hlavacova / 123RF.com
Auto und Fahrrad, Seite 82 / © Dejan Jovanovic / 123RF.com
Europakarte, Seite 86 / © pytyczech / 123RF.com
Weltkarte, Seite 85, 87, 88, 89 / © Roberto Scandola / 123RF.com
Tiersilhouetten, Seite 101 / © Anja Kaiser / 123RF.com

Originalausgabe
1. Auflage 2020

Türkenstraße 89, 80779 München
info@yes-publishing.de

Umschlaggestaltung: Ivan Kurylenko (hortasar covers)
Layout und Satz: Jörn-Peter Boll
Druck: Livonia Print, Riga
Printed in Latvia

ISBN Print 978-3-96905-017-0
ISBN E-Book (EPUB, Mobi) 978-3-96905-018-7
ISBN E-Book (PDF) 978-3-96905-019-4

Moin,

dieses Buch ist entstanden, als sich Politik und Kunst im Kopf von Captain Futura an einen Tisch setzten und der Humor auf ein Bier vorbeischaute. So circa nach fünf Pils lagen sie sich in den Armen und entschieden, dass diese Welt eine gemeinsame Anstrengung braucht, um ein besserer Ort zu werden. Die Kunst hatte es satt, in Hochglanzwerbeanzeigen von Autofirmen den Kampf gegen Mensch und Natur zu bewerben. Die Politik war über ihre eigene Alternativlosigkeit schon ganz vergrämt und wollte endlich wieder Utopien entwickeln, ohne zum Arzt gehen zu müssen. Und der Humor ertrug es nicht mehr, unpolitisch oder zynisch sein zu müssen. Die Grafiken, die daraufhin entstanden, sind ein Versuch, all das zu verknüpfen. Ein überraschend erfolgreicher Versuch, denn schon nach kurzer Zeit gingen immer häufiger Grafiken viral und riefen so einen mutigen Verlag auf den Plan, der half, sie in Buchform zu bringen.

Diesem Buch liegt eine Überzeugung zugrunde: Das Leben an sich ist ein gigantischer und wunderschöner Zufall – wir sind ein gigantischer Zufall. Aber ob wir weiterleben werden, ist alles andere als ein Zufall. Es liegt in unserer Hand. Um das Ruder herumzureißen, brauchen wir eine utopische Politik. Und Freude. Denn wir werden diese Welt nicht aus Pflichtgefühl retten, und ohne Veränderungen am Wirtschaftssystem wird es nicht gehen. Weltrettung darf kein Business, es muss eine Selbstverständlichkeit und eine Herzensangelegenheit sein. Daher hoffe ich sehr, dass dieses Buch etwas bewirkt. Genauso hoffe ich, dass ihr viel Freude mit den Grafiken habt. Schreibt mir gern, wenn sie euch zum Nachdenken oder Lachen gebracht haben.

Euer Captain Futura

P.S.: Um Sachverhalte in Kürze treffend auf den Punkt zu bringen, wurde in den Grafiken jeweils die männliche Form gewählt, außer es sind speziell Frauen gemeint. Captain Futura ist für Gleichberechtigung und verpflichtende Quoten in den Spitzen von Wirtschaft und Politik, da er davon ausgeht, dass sich dann zügig von selbst ein Gleichgewicht einstellen wird. Egal welches Geschlecht, welche Sexualität, welche Herkunft – fühlt euch umarmt und angesprochen. Es wäre schön, wenn wir diesen Planeten gemeinsam retten.

72%
28%

„Die Linke ist genauso schlimm wie die Rechte!“

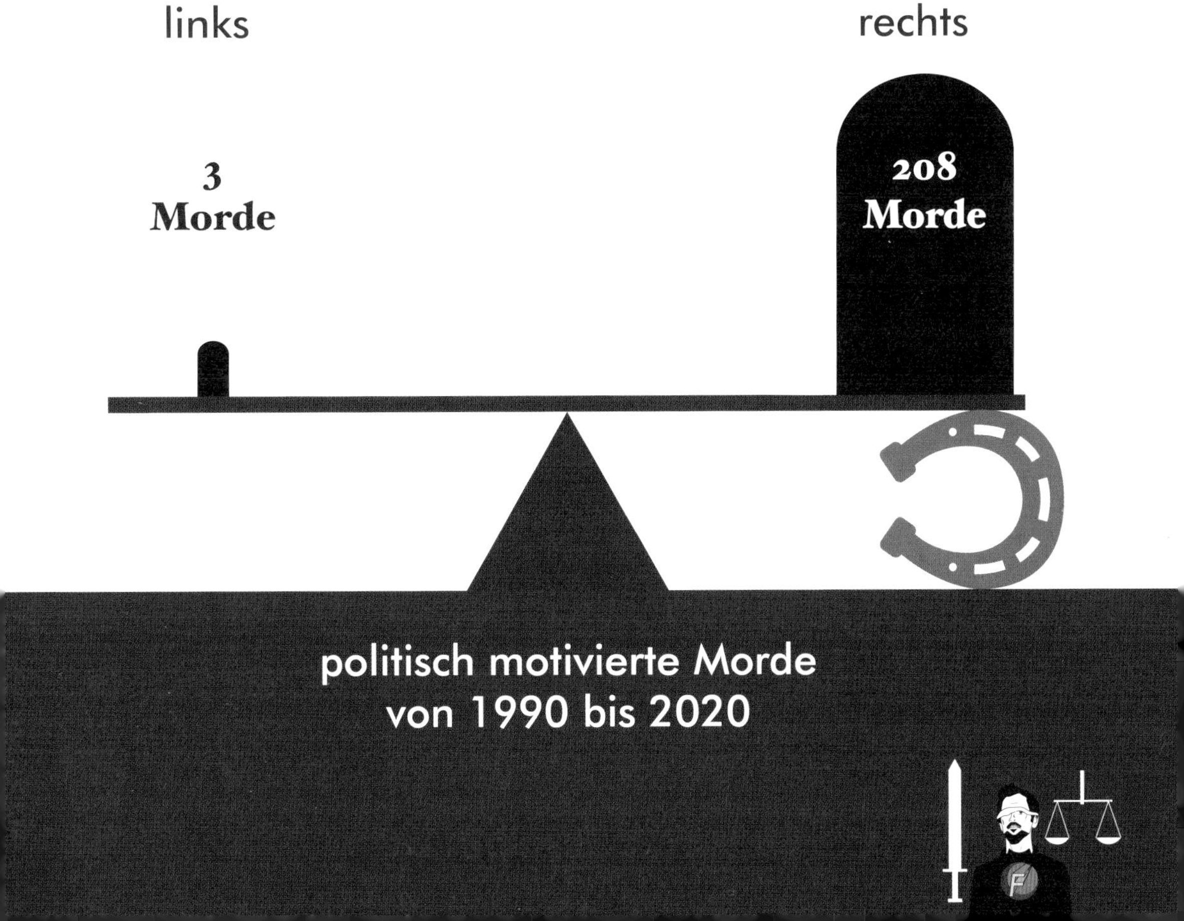

Landleben

Feldweg

war
mal
Bauern-
hof

Messie

Nebenstraße

war
mal
Bauern-
hof

Familie

Nebenstraße

war
nie
Bauern-
hof

Familie

alte
Frau

„Ali“
(heißt
eigentlich
Raj)

Tempo-Smiley
Schild

Nebenstraße

Bushaltestelle

Jugendliche

kein Bus

leer

war
nie
Bauern-
hof

war
mal
Land-
gasthof
„Zur Linde“

Pizza-
Döner

Blitzer

Ortsschild

straße Hauptstraße Hauptstraße Hauptstraße Hauptstraße Hauptstraße Hauptstraße

Ortsschild

weiße
Steine

lange Hofeinfahrt

weiße
Steine

war
mal
Tante-
Emma-
Laden

alter
Mann

war
mal
Bauern-
hof

alte
Frau

Nebenstraße

war
mal
Bank-
filiale

Familie

Jugendliche

Tanke

der
letzte
Bauern-
hof

junger Landwirt
keine Frau

Bau-
Grund-
Stück

Bau-
Grund-
Stück

Neu-
bau

Schild
Neubau-
Gebiet

Neue Straße mit Laternen

Bau-
Grund-
Stück

Bau-
Grund-
Stück

Bau-
Grund-
Stück

Nebenstraße

war
mal
Bauern-
hof

Familie

Feldweg

Cap-
tain
Futura
Logo

Einhörner

0

aus Fleisch und Blut

953 Mio.

aus Plastik

Verkehrsschilder ...

Schild | Bedeutung

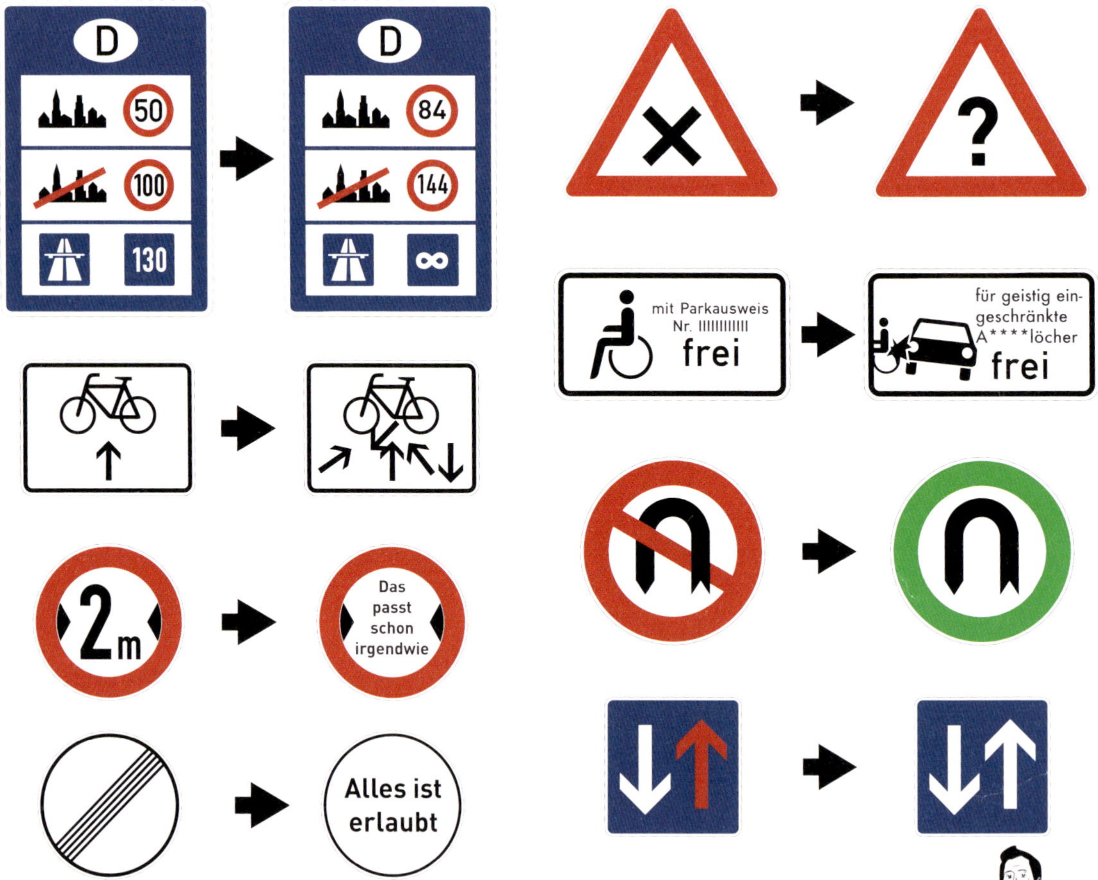

… und die Realität

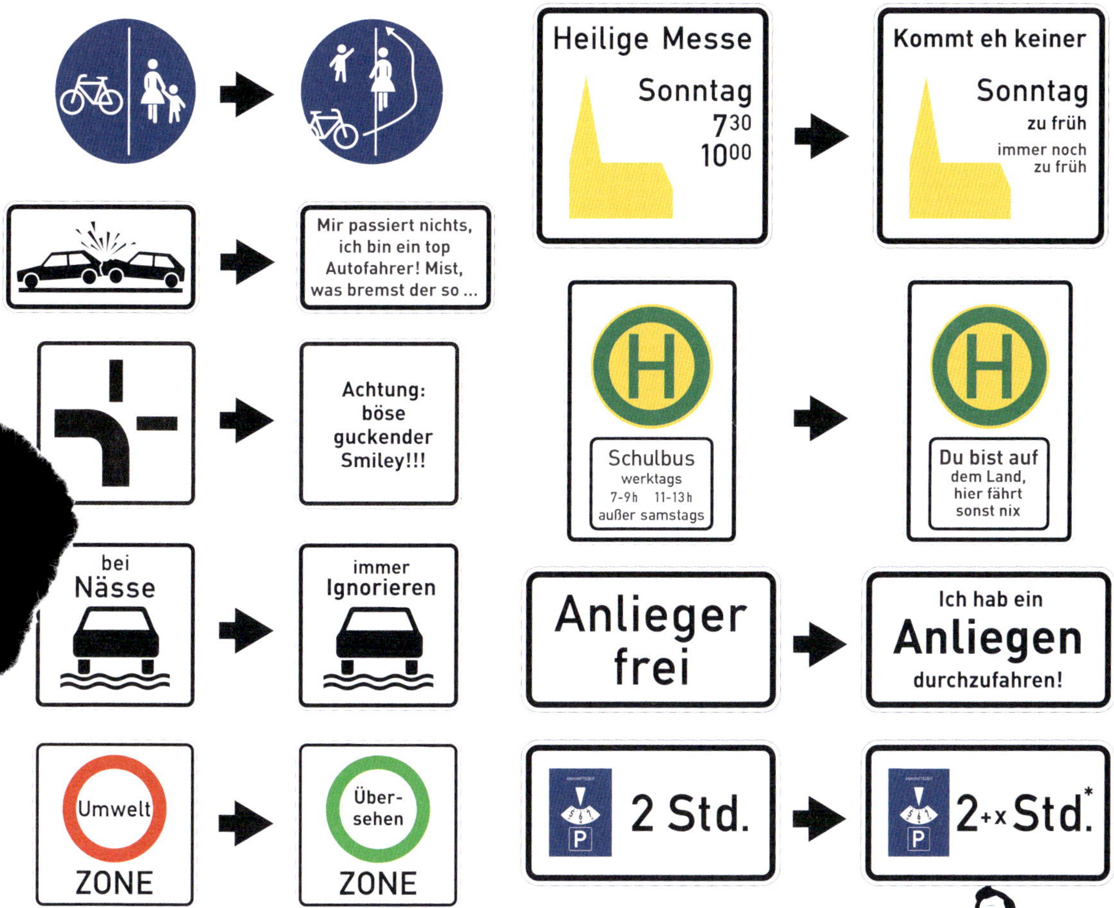

* x = Zeit bis zur nächsten vollen Stunde + Ungenauigkeitsbonus

Schilder und ihre Bedeutung

Staat

Freifläche im Staatsbesitz, die für den Autobahnbau freigehalten wird.

Bürger

Deponie für Gartenabfälle aller Art.

Staat

Bis 2030 sind wir fertig.

Bürgermeister

Meine Wiederwahl ist gesichert!

Stadtbewohner

Wie lange dauert das noch?

Dorfbewohner

Hoffentlich dauert das noch!

Staat

So sah es hier aus, bevor wir die Autobahn und die 28 konkurrierenden Gewerbegebiete genehmigt haben.

Autofahrer

Verdammte Provinz!
Bloß schnell weiterfahren, hier gibt es nichts mehr zu sehen.

Radschilder und ihre Bedeutung

Staat

Zwei zum Preis von einem!

Fußgänger

Überall Kampfradler!

Radfahrer

Hört eigentlich NIEMAND meine Fahrradklingel?

Staat

Wir nehmen die ganz kleinen Steine, dann kriegen die Straßenbäume Wasser!

Fußgänger

Ach, guck mal, hier ist ein rot markierter Fußweg!

Radfahrer

Wie … au … Mist … Loch … dieses Drecksgeholper … warum die kleinen … uaah … Steine …?

Staat

Mist, wir haben bei der Planung die Radwege vergessen. Ähm, hat mal jemand Farbe?

Autofahrer

Verdammt. Nirgendwo Parkplätze … ah, perfekt, ein Haltestreifen!

Radfahrer

Das sind keine 150 cm, nie im Leben …

Staat

200 Meter Fahrradstraße gebaut. Jetzt ist aber erst mal gut mit Radverkehrsförderung!

Autofahrer

Was fahren die verdammten Radfahrer da nebeneinander und blockieren meine Straße!

Radfahrer

Yeah, endlich eine Fahrradst … oh, Ende.

Eiwissen

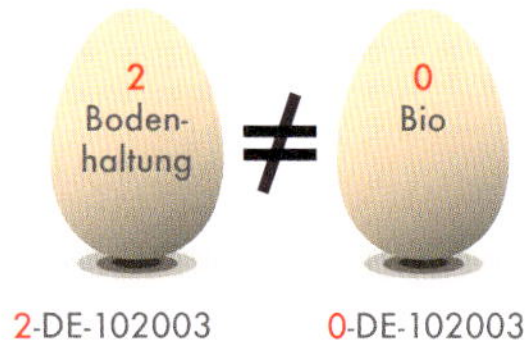

Die Haltungsform findet sich im aufgedruckten Code.

Bio ist Freilandhaltung plus mehr Platz plus Biofutter.

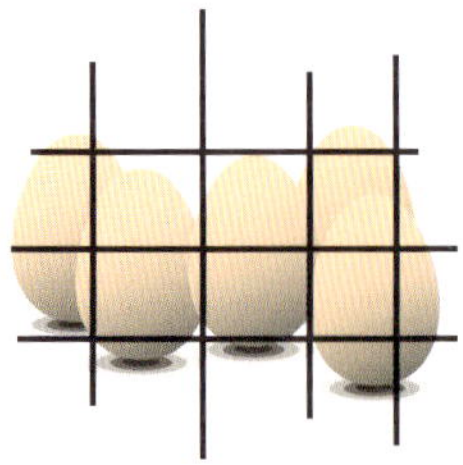

Käfighaltung heißt jetzt Kleingruppenhaltung (sonst ändert sich nix).

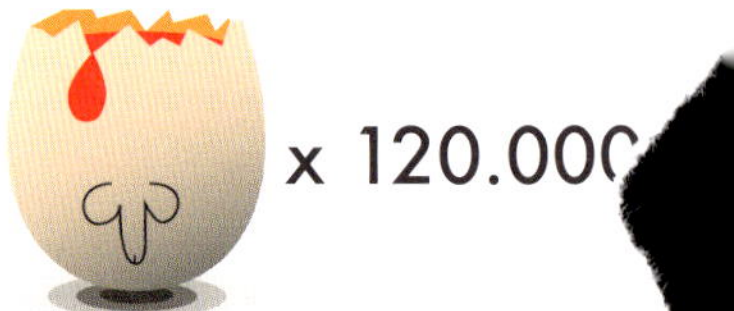

Jeden Tag werden 120.000 männliche Küken geschreddert (keine Verwendung in der Nahrungsmittelindustrie).

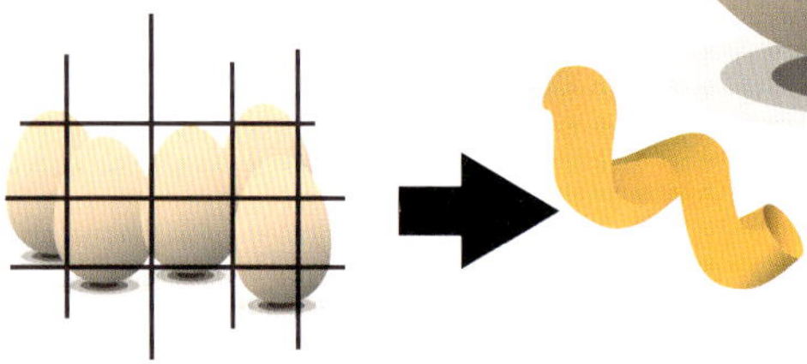

Eier aus Quälhaltung landen unbemerkt als Einudeln, Mayonnaise etc. im Lebensmittelregal oder in Restaurants und beim Bäcker.

Das Gelbe vom Ei?

1

DAS GOLDENE EI
„Ich bin ökologisch und ethisch korrekt mit einem Herz für Hähne."

Bio-Bruderhahn-Ei

Bioland / Demeter / Naturland
Bruderhahnaufzucht

2

DAS SILBERNE EI
„Ich meine das ernst mit dem Bio!"

Bio-Bioladen-Ei

Bioland / Demeter / Naturland

3

DAS BRONZENE EI
„Ich habs nur zum Discounter geschafft, wollte aber Bio fürs Gewissen."

Bio-Discount-Ei

EU-Blume

4

HOLZMEDAILLE
„Klingt Freiland nicht eh besser als Bio?"

Freilandhaltung

konventionell

5

ZWEITER VON HINTEN
„Hauptsache günstig und immerhin kein Käfig."

Bodenhaltung

konventionell

6

LETZTER PLATZ
„Gruppe klingt doch nett und dann noch so billig!"

Kleingruppenhaltung

konventionell

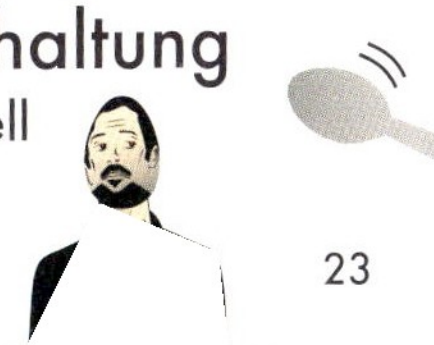

Fundamentale Wendepunkte der Astronomie

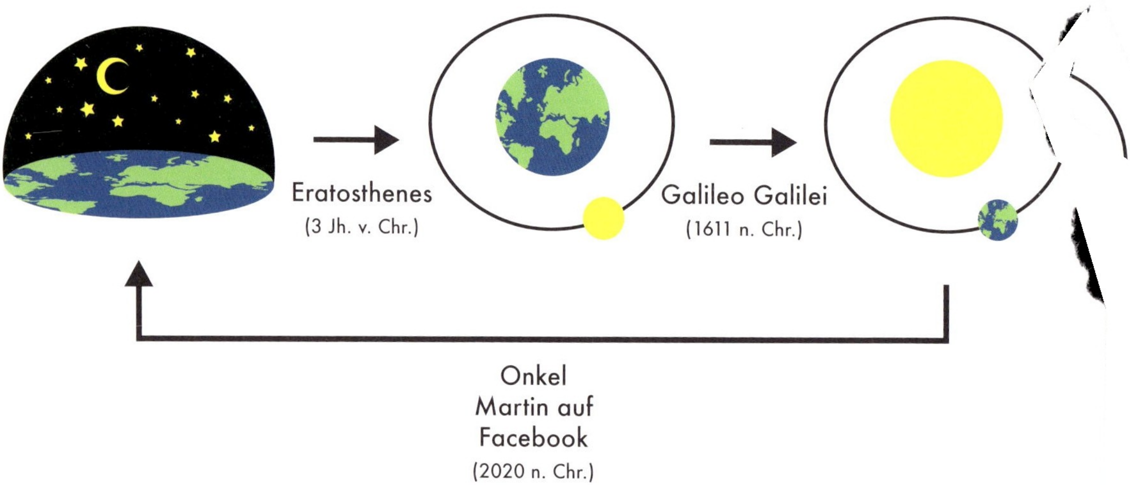

Die grimmigen Märchen, leicht modernisiert

Dornröschen liegt im Schlaf → Prinz kommt vorbei, fragt, ob er sie küssen darf – keine Zustimmung. Also reitet er weiter. →

„Spieglein, Spieglein, wer ist die Schönste im ganzen Land?" → Spiegel: „Jede Frau ist auf ihre Art schön!" →

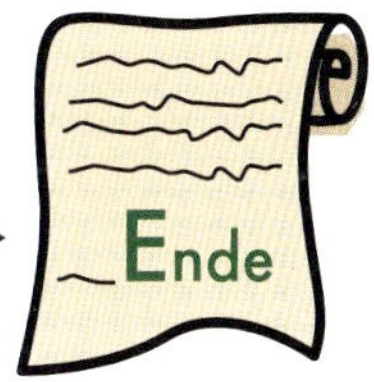

Hänsel und Gretel gehen in den Wald → Hänsel hat ein Handy mit GPS →

Wie CSU-Verkehrspolitik und SUV-Trend den Klimaschutz gefährden

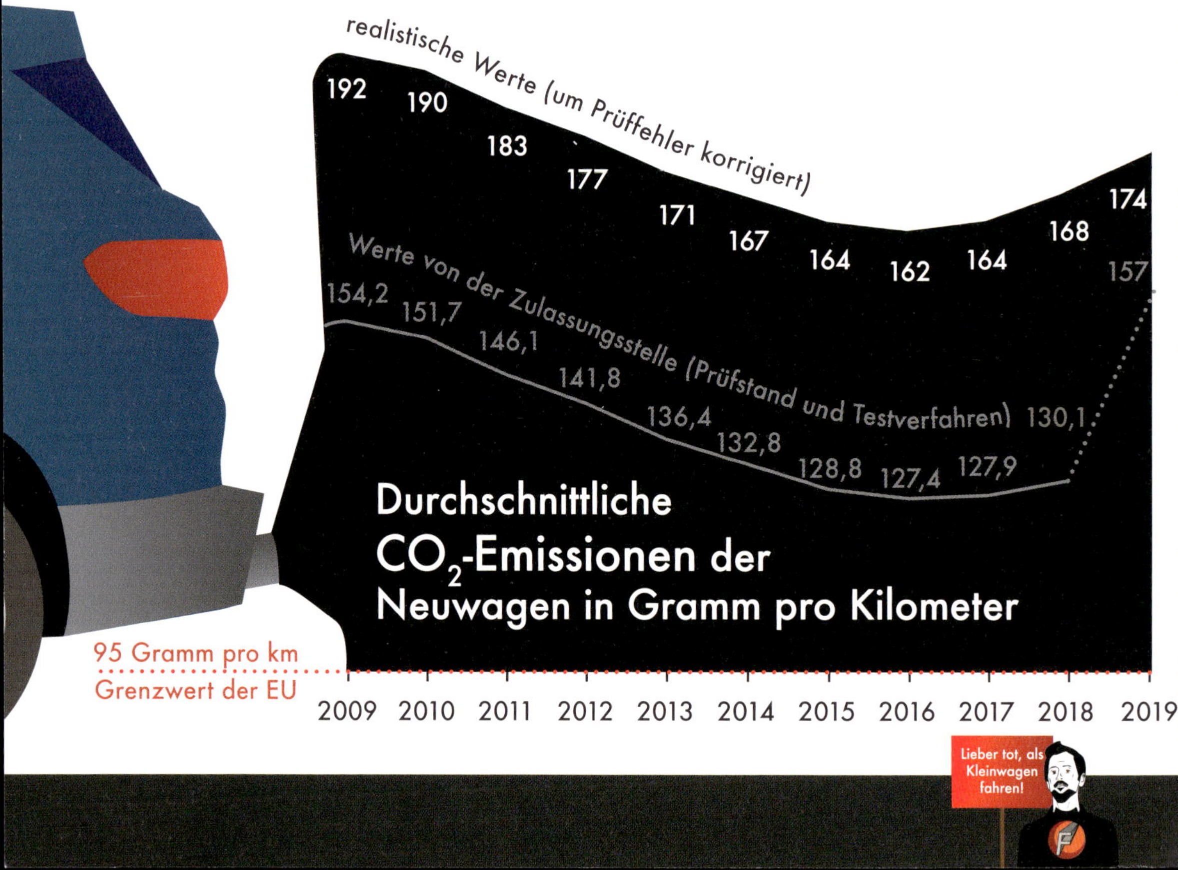

Raumnutzung

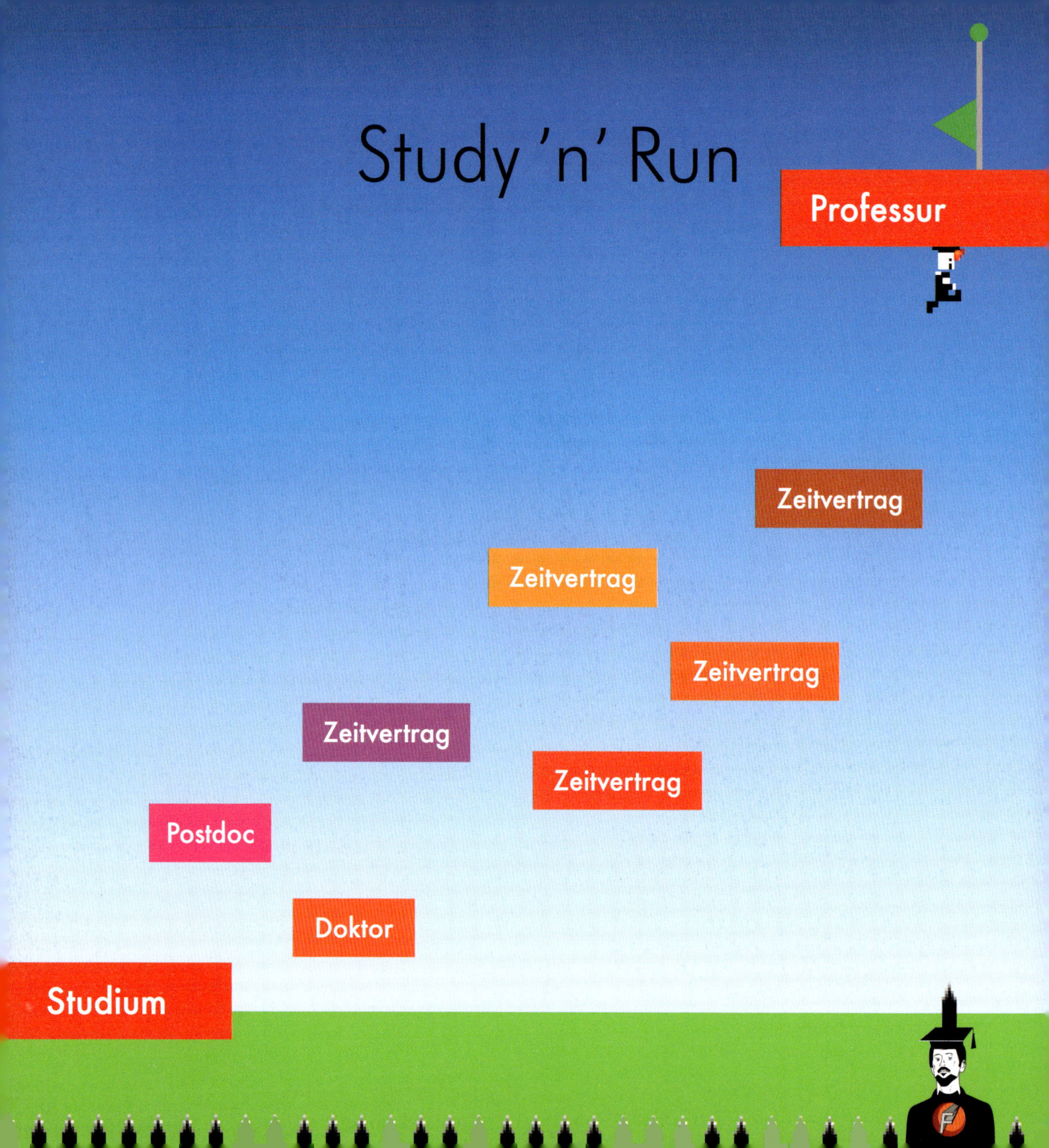

Study 'n' Run
Professur
Zeitvertrag
Zeitvertrag
Zeitvertrag
Zeitvertrag
Zeitvertrag
Postdoc
Doktor
Studium

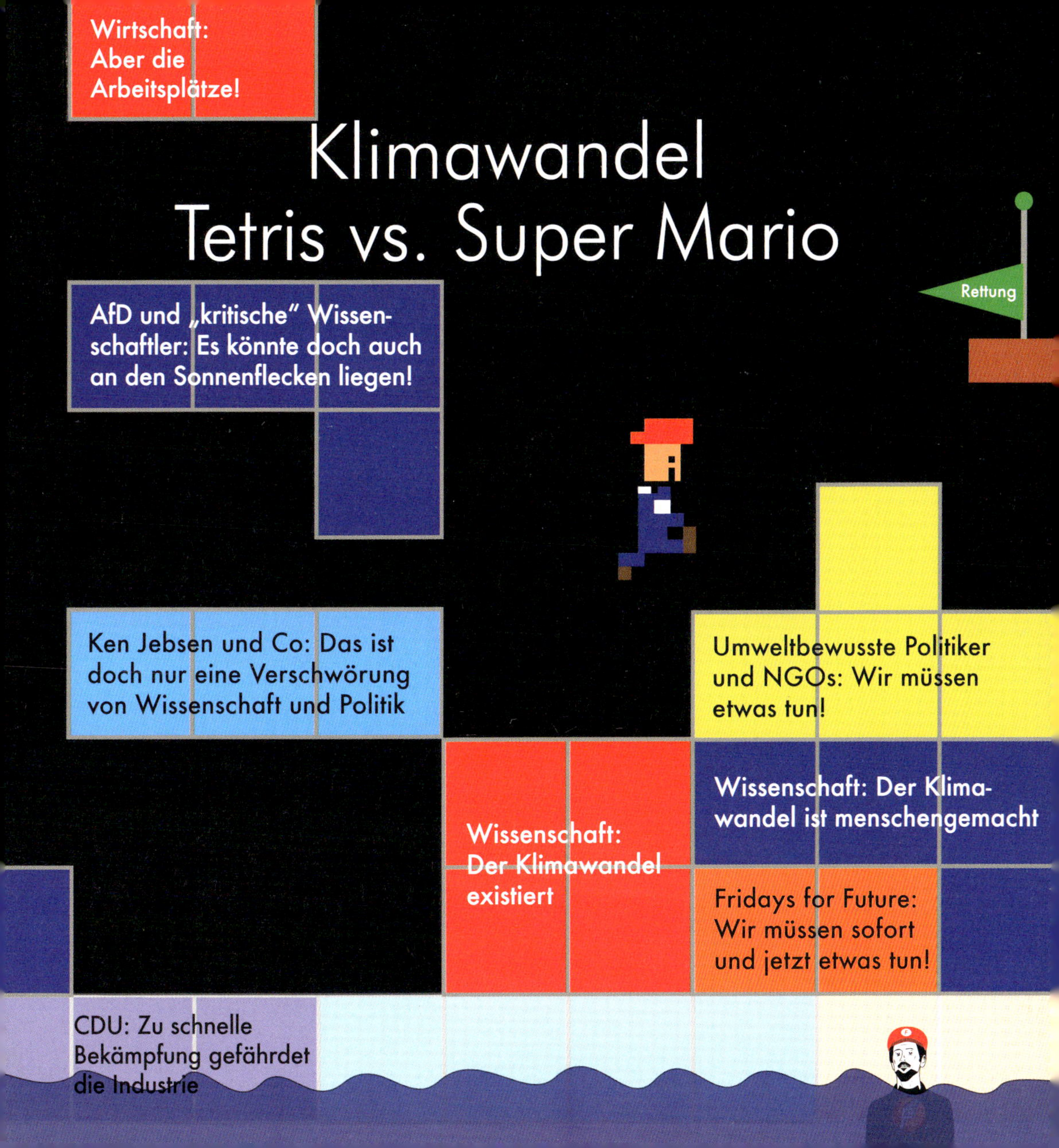

Wirtschaft: Aber die Arbeitsplätze!
Klimawandel
Tetris vs. Super Mario
Rettung
AfD und „kritische" Wissenschaftler: Es könnte doch auch an den Sonnenflecken liegen!
Ken Jebsen und Co: Das ist doch nur eine Verschwörung von Wissenschaft und Politik
Umweltbewusste Politiker und NGOs: Wir müssen etwas tun!
Wissenschaft: Der Klimawandel ist menschengemacht
Wissenschaft: Der Klimawandel existiert
Fridays for Future: Wir müssen sofort und jetzt etwas tun!
CDU: Zu schnelle Bekämpfung gefährdet die Industrie

Meinungsdiktatur

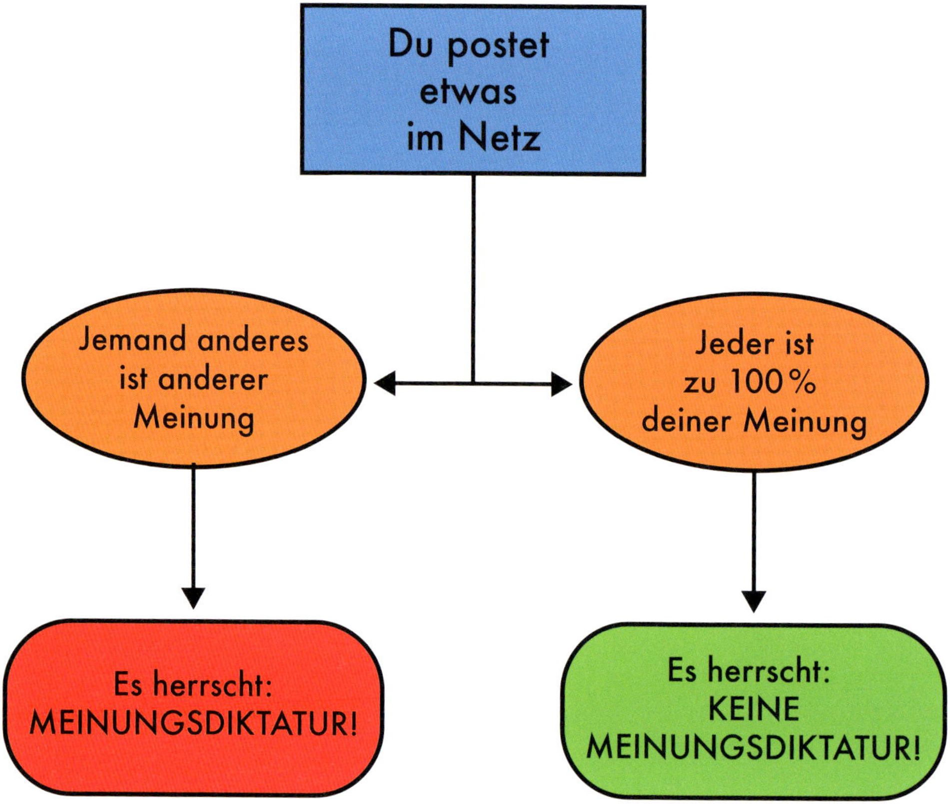

Warum werden aus Freunden Verschwörungstheoretiker?

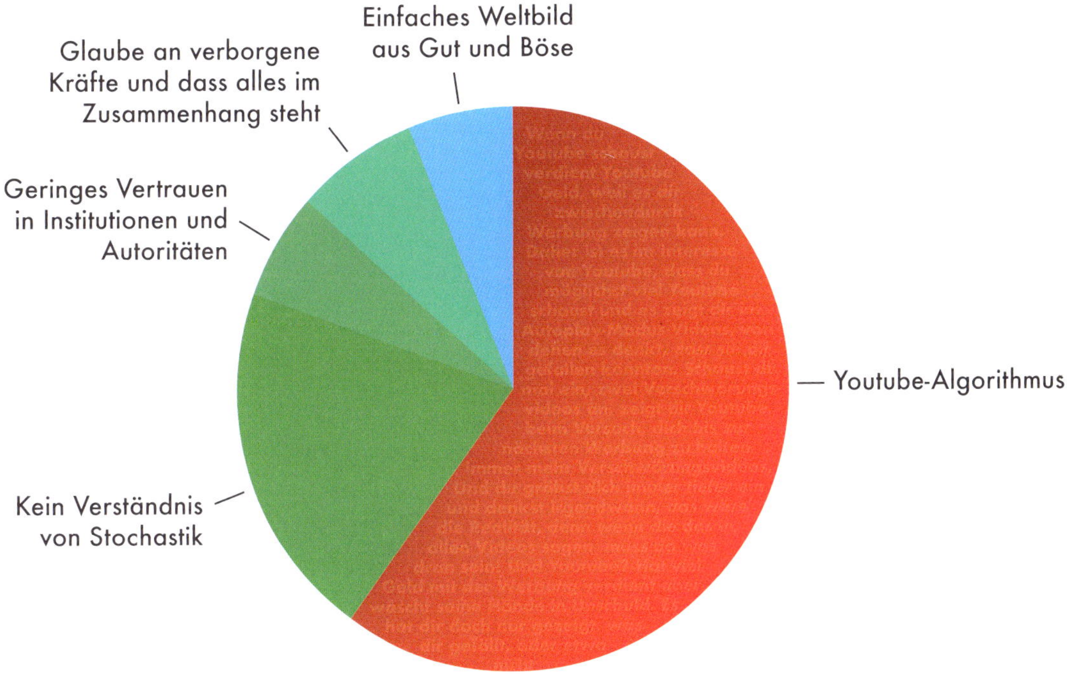

Dauerwahlkampfsendung

normaler Politiker

Populisten

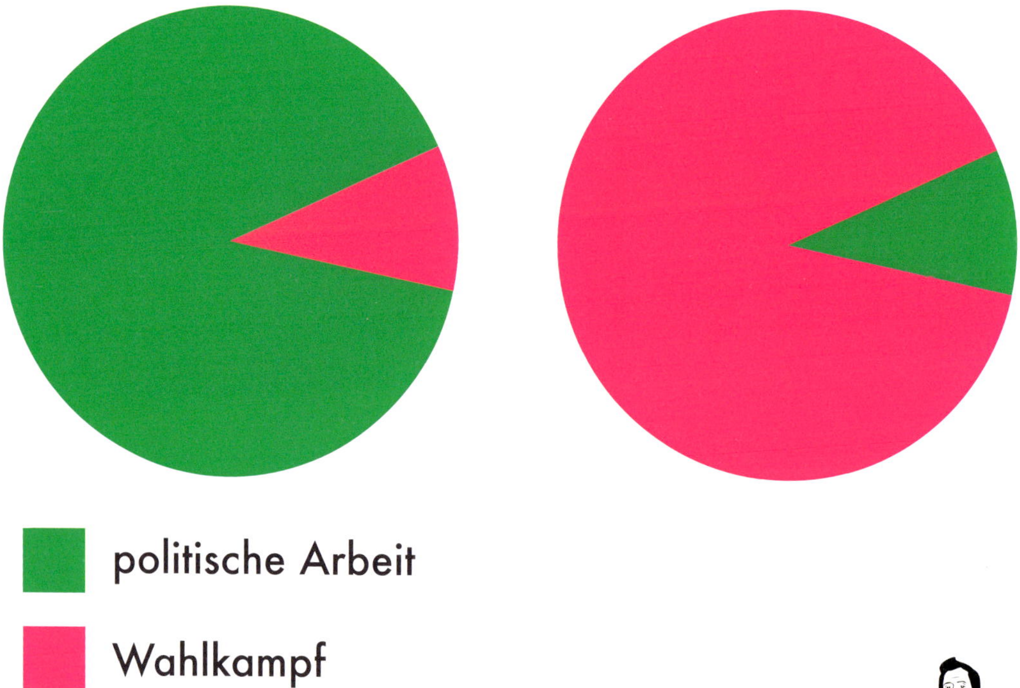

Corona und AfD unterscheiden lernen

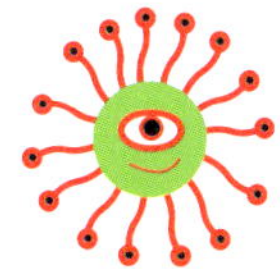

Hat sich unkontrolliert ausgebreitet	√	√
Viel zu spät unter staatliche Beobachtung gekommen	√	√
Ist permanent in den Medien	√	√
Würde man am liebsten nichts mehr drüber lesen	√	√
Versucht, das Bildungssystem lahmzulegen	√	√
Ist schlimmer im Osten	X	√
Ist keine Alternative	√	√
Sorgt für geschlossene Grenzen	√	√
Verläuft meist mild	√	X
Sorgt für soziale Kälte	√	√

Konzernkrisenzyklus

Mindestlohn umgehen „How to“

Billige Tricks für billiges Fleisch!

Konzern

Du vergibst die Kernarbeit deines Konzerns per Werkvertrag an Subunternehmer

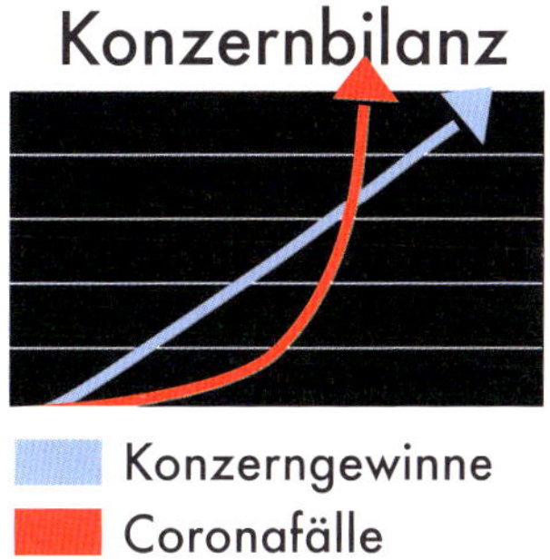

Mindestlohngrenze: 9,35 Euro pro Stunde

Div. Subunternehmer

10.000 Schweinehälften 199 € Knallerpreis!

Der Werkvertrag ist bei Mindestlohn nicht erfüllbar, daher stellen die Subs zu ihren Bedingungen ein

Arbeiter aus dem Osten

polnische Arbeiter nur 2,99 €

Ohne elektronische Arbeitszeiterfassung, Pausen und Arbeitsschutz arbeiten sie für einen Hungerlohn – aber dich trifft keine Schuld!

8€
7€
6€
5€
4€
3€
2€
1€

Tempo innerorts

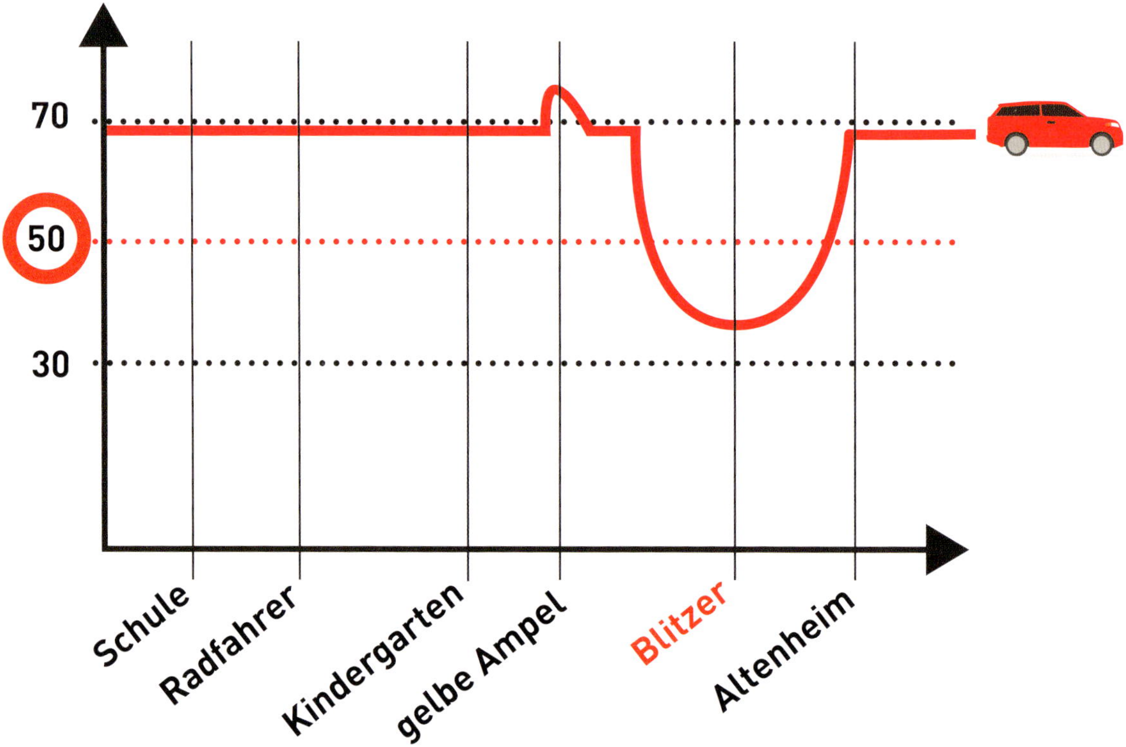

PR-Flowchart der Polizei

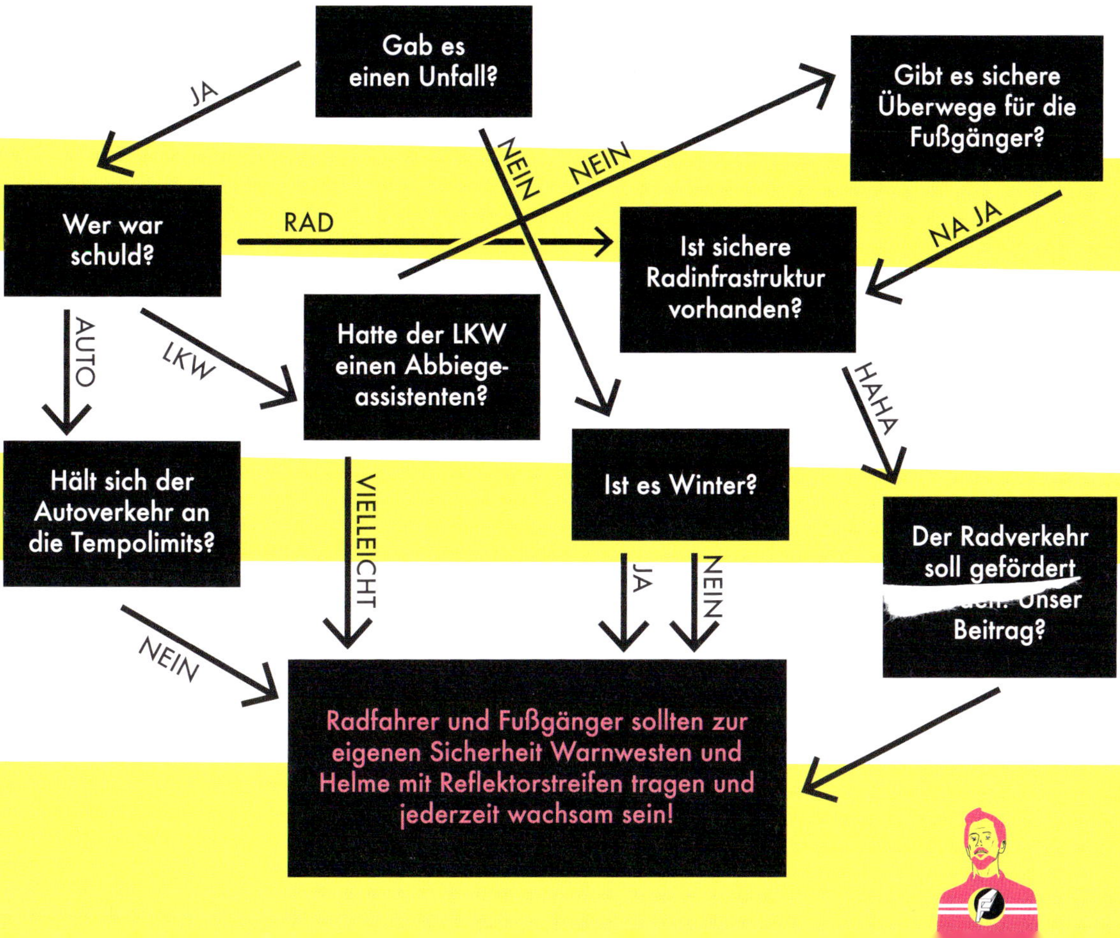

Die Erde
(vom All aus gesehen)

vor Corona

nach Corona

Die Erde
(vom All aus gesehen)

vor dem Klimawandel

nach dem Klimawandel

Völlig Banane

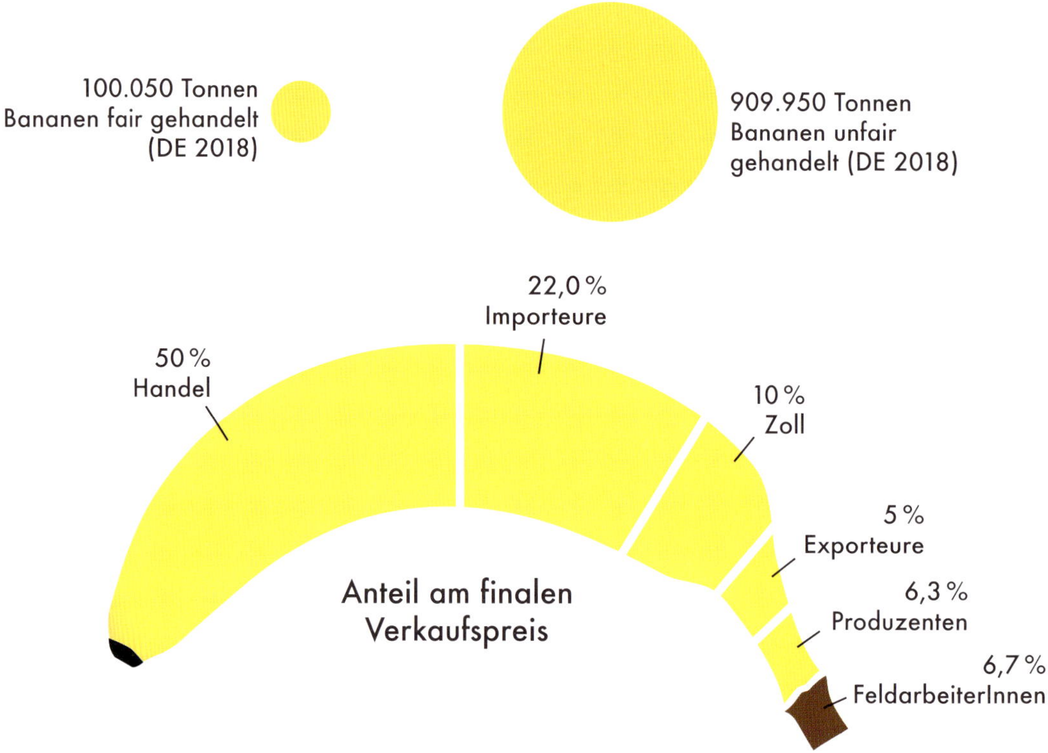

Der „grüne" Punkt

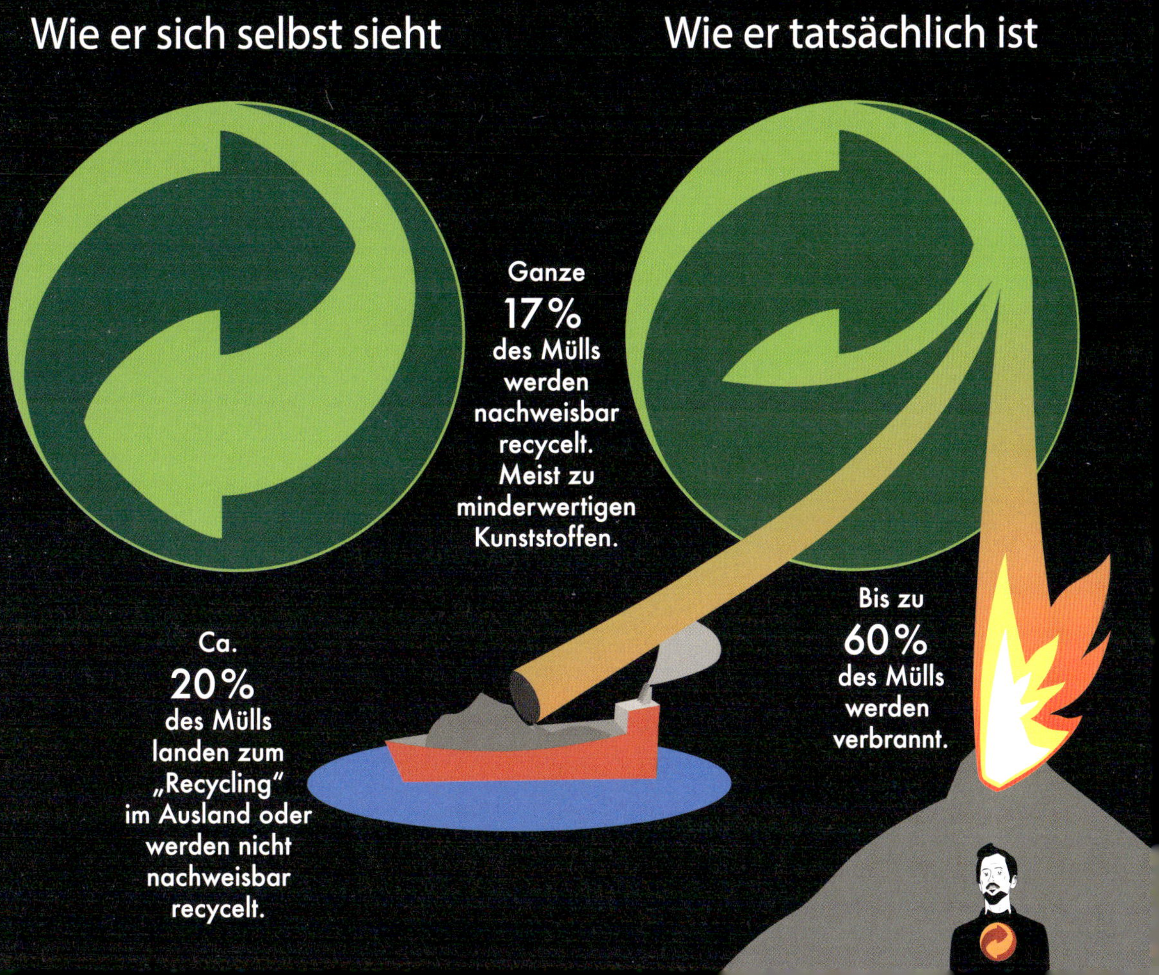

Die extreme Mitte

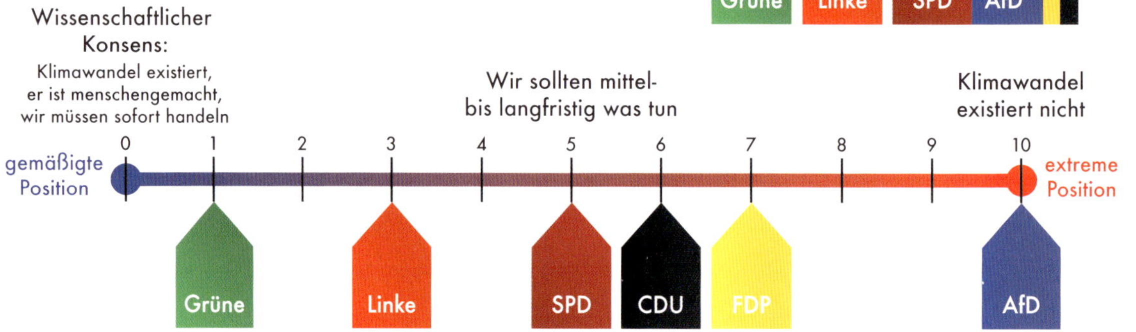

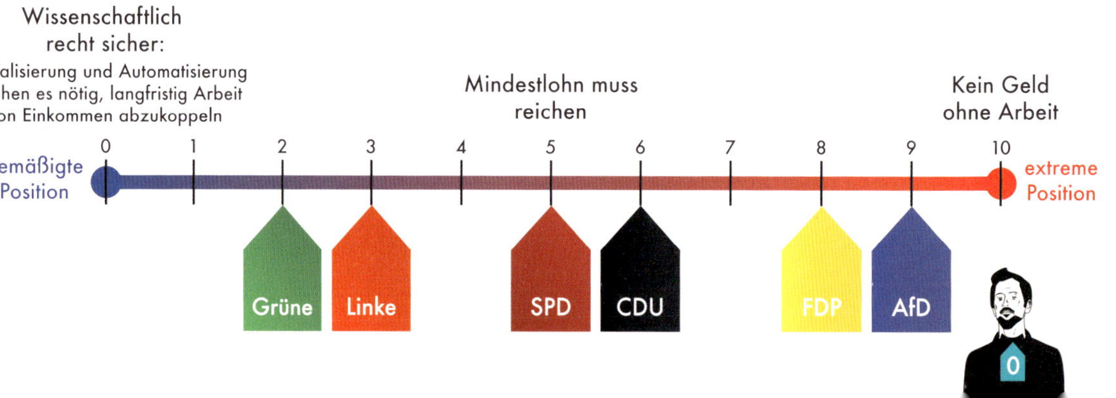

Wir malen uns einen guten Autokraten

Verbinde die Zahlen von klein nach groß.
Ist der Zahlenschritt größer oder kleiner als eins, setze den Stift ab.

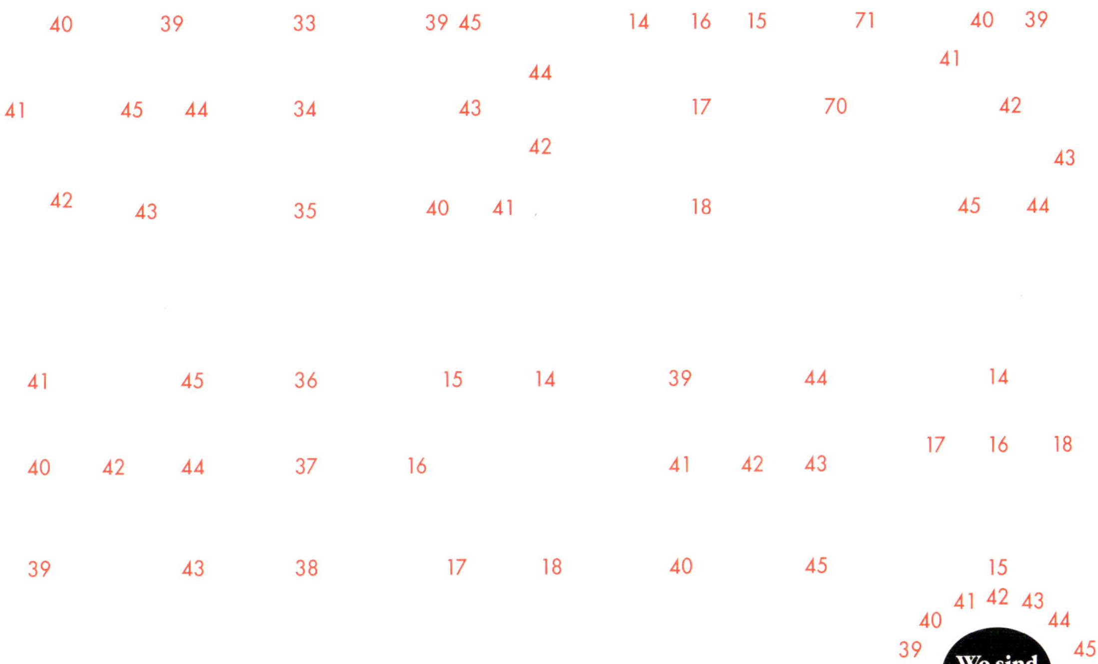

Wo sind all die Blumen hin?

Fahrradklingel: Wie reagieren Fußgänger?

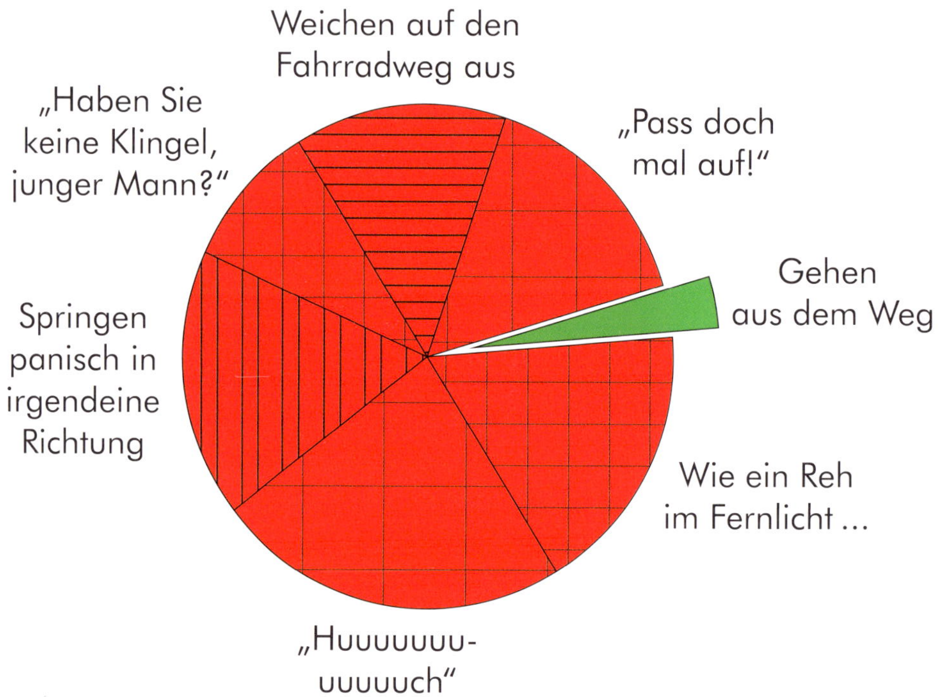

Die Bahn kommt (1)

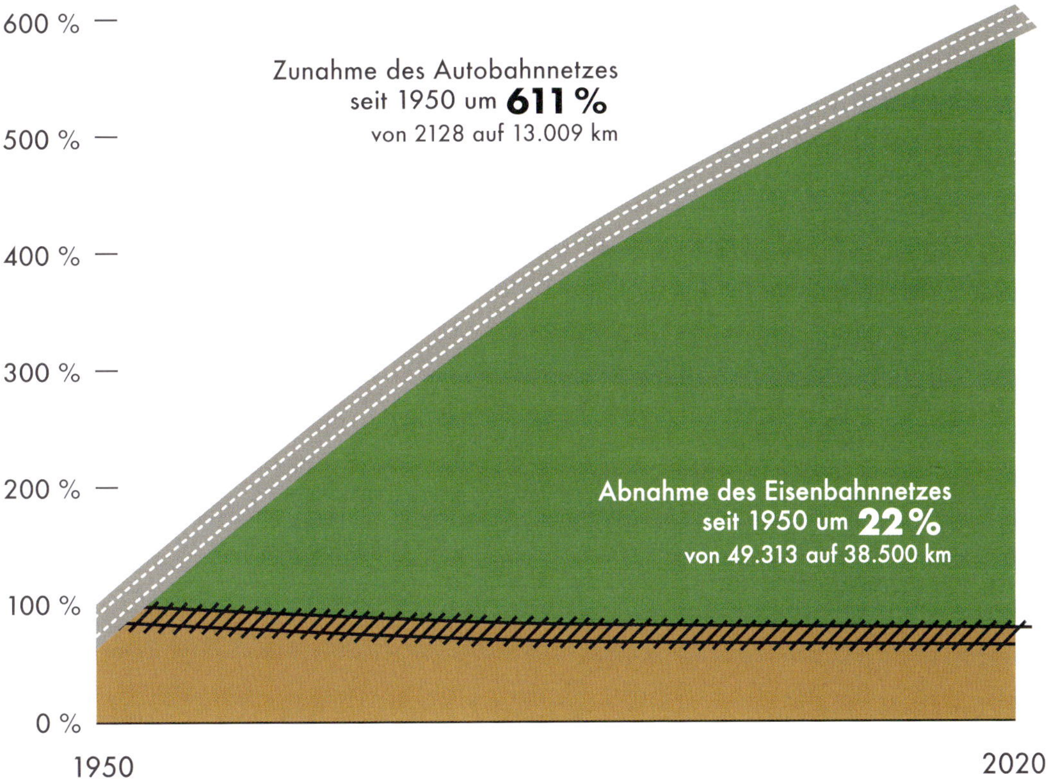

Zusammensetzung der Wälder

2020

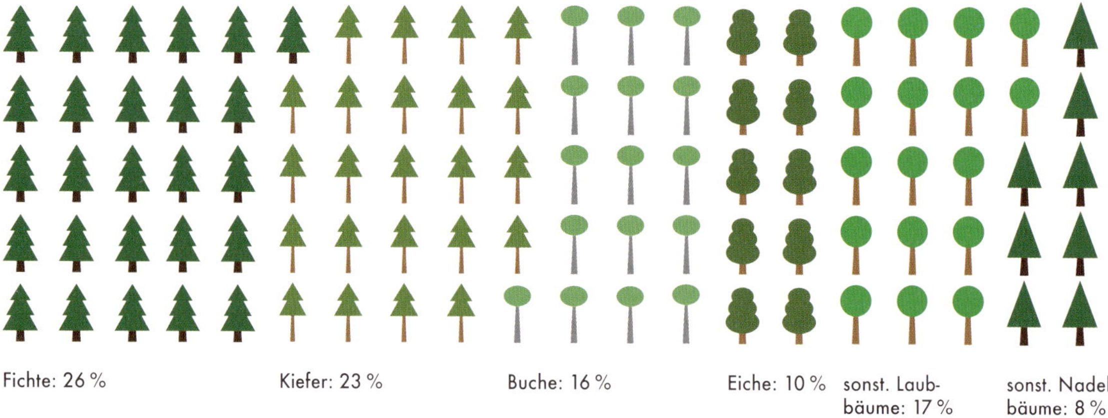

2050

Das Märchen vom deutschen Wald

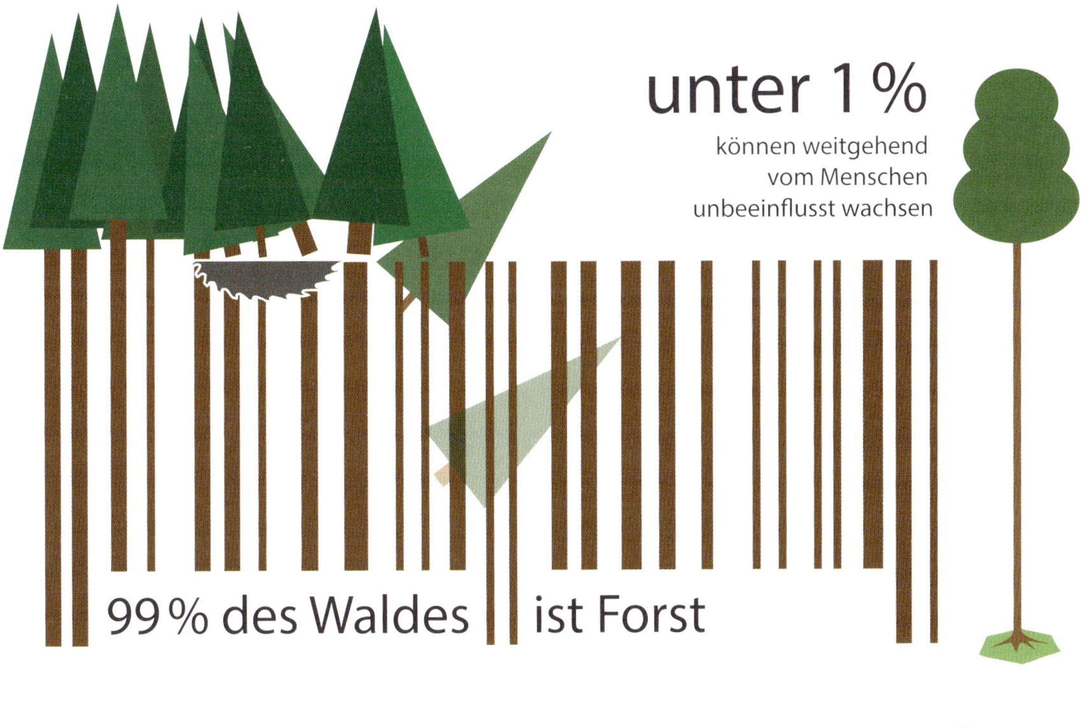

Optische Täuschung

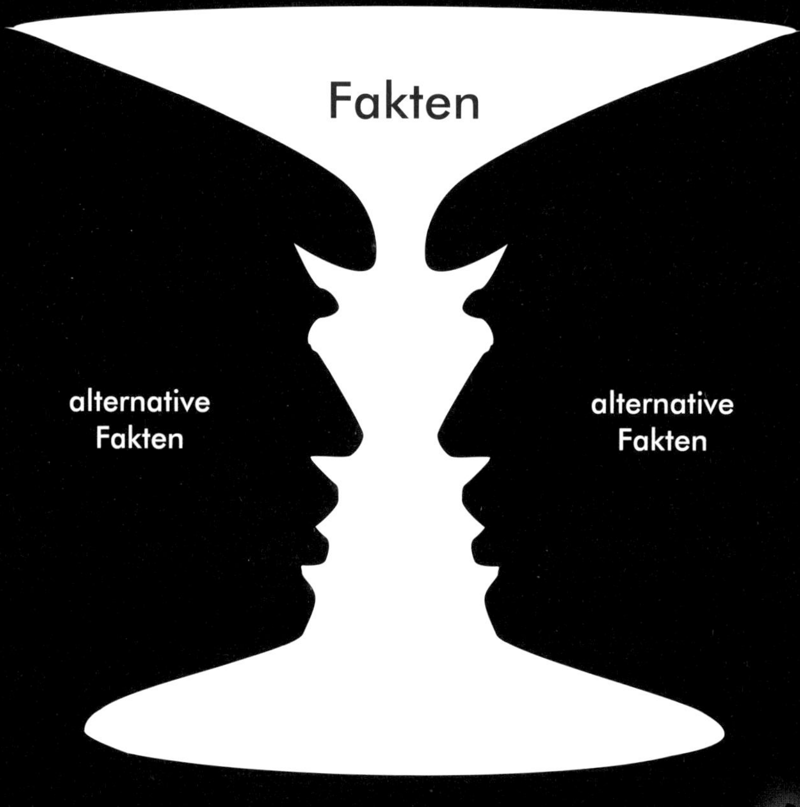

Klaviatur der Macht

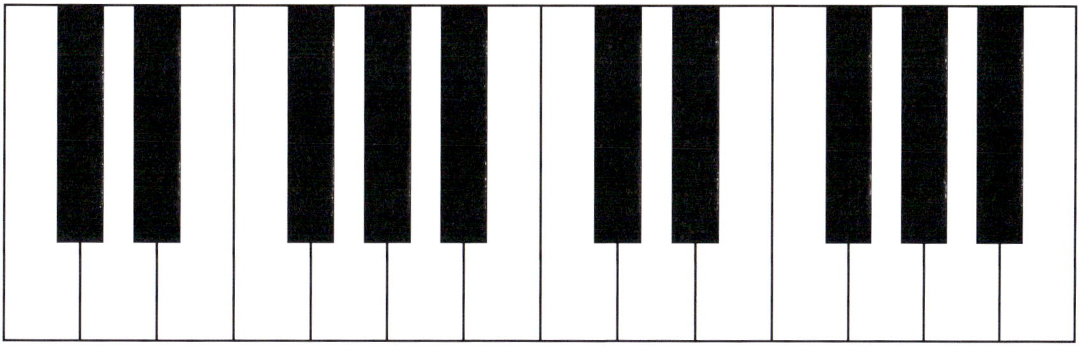

Mit mir wird alles großartig!

Ohne mich wird alles schrecklich!

Täuschende Optik

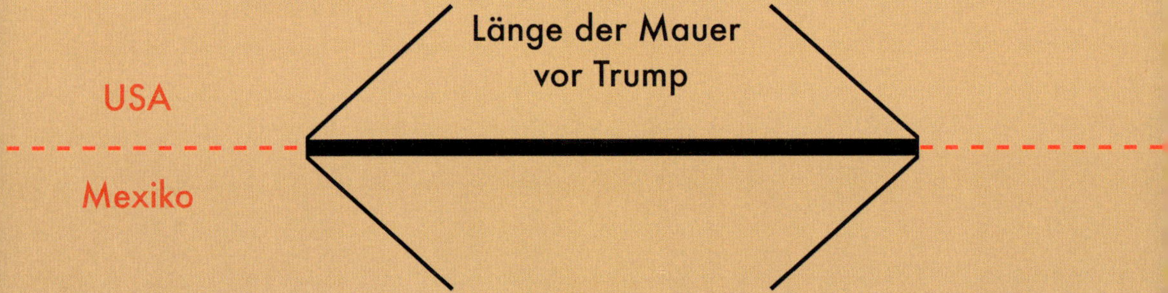

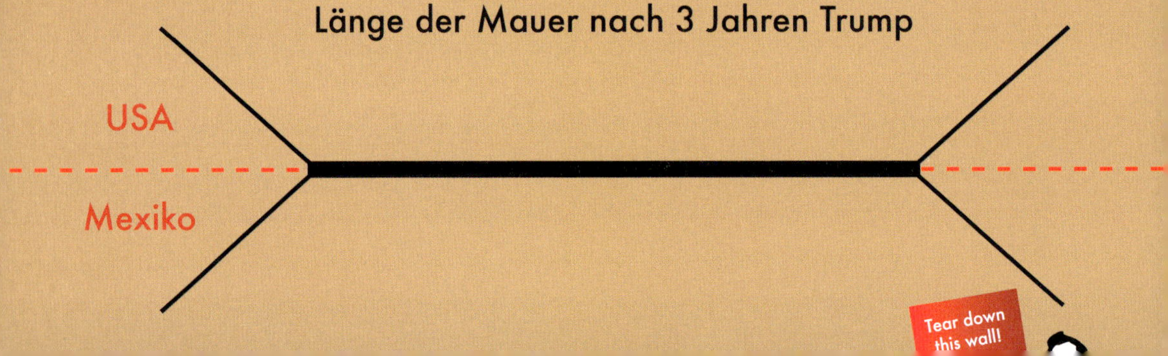

Nahostkonflikt – grober Ablauf

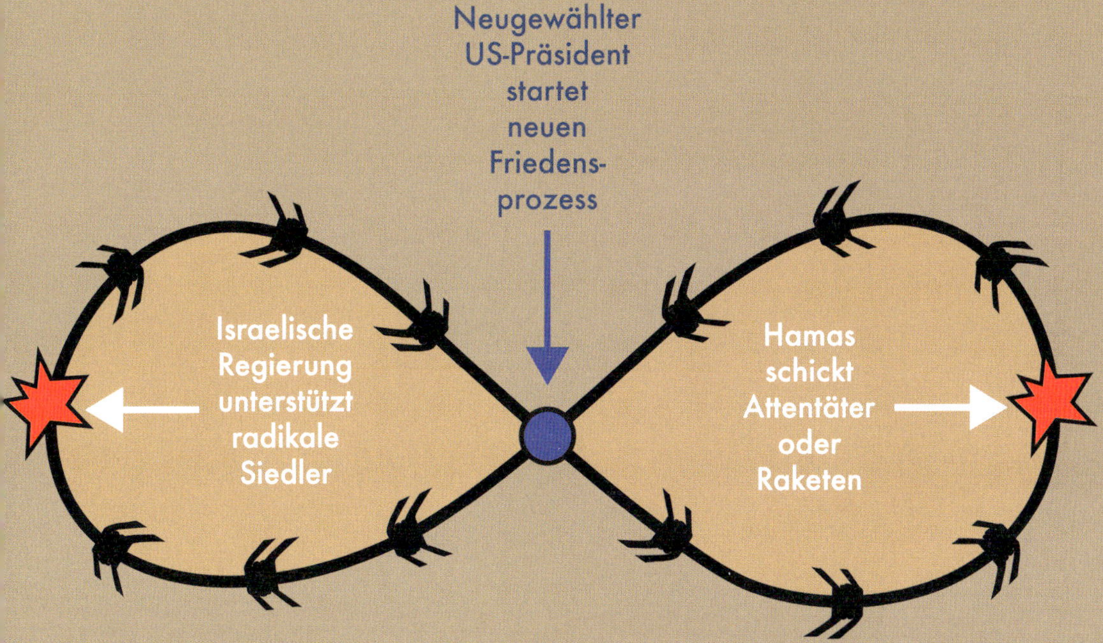

Wie Verschwörungs-theorien …

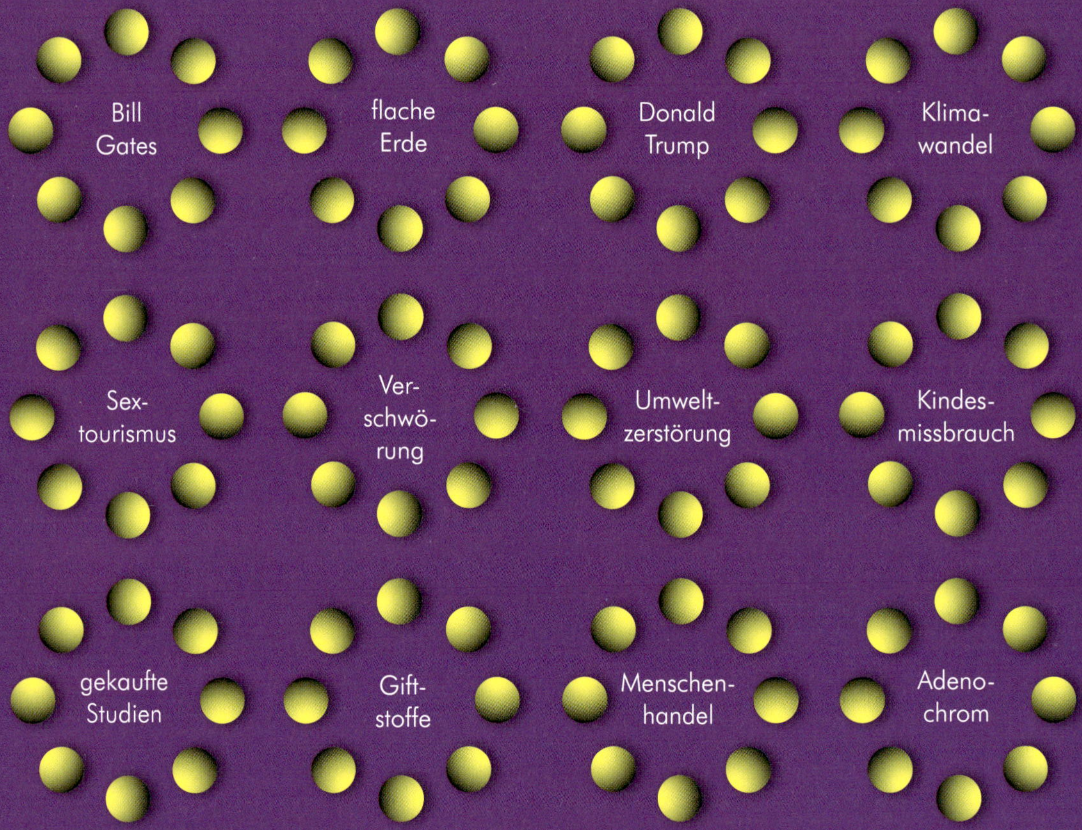

... von realen Problemen ablenken

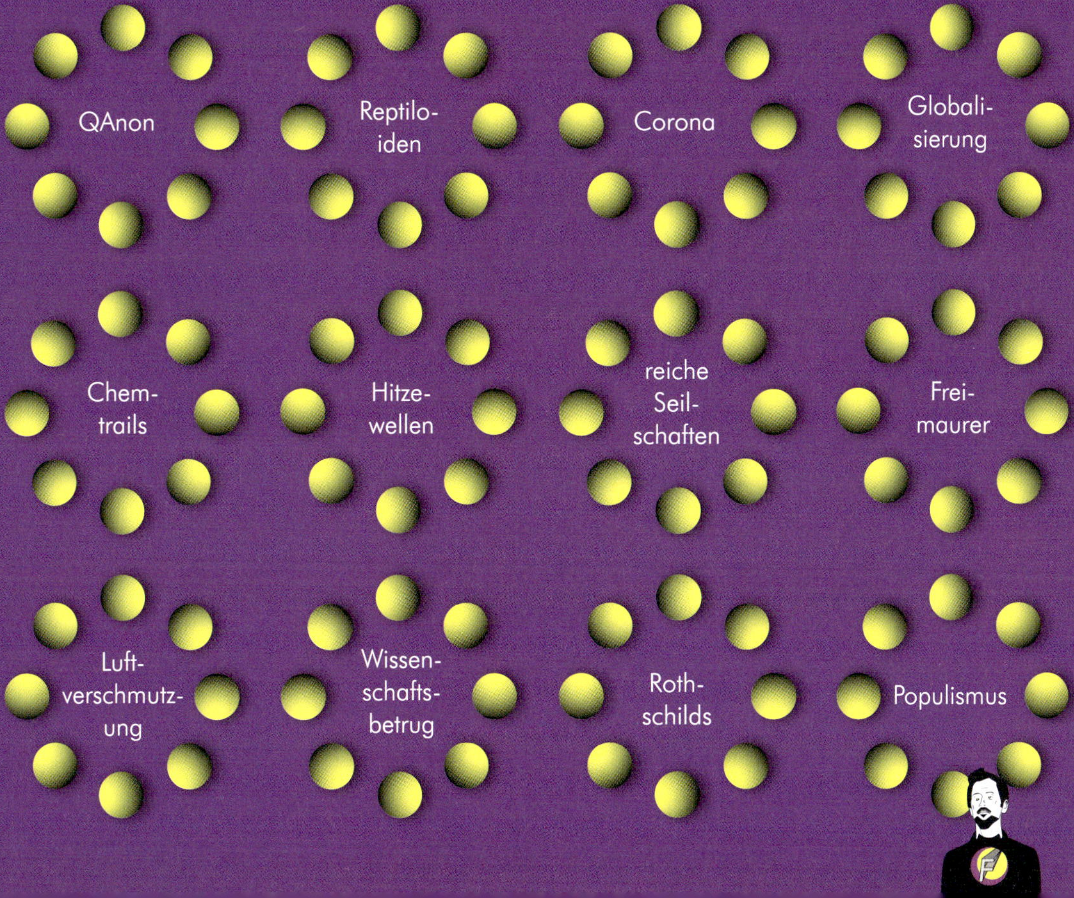

Insektensterben

1990

Klimawandel, Rückgang von Feuchtgebieten und Brachflächen, Zersiedelung, massenhafter Einsatz von Pestiziden und insbesondere der für Bienen gefährlichen Neonicotinoide

2020

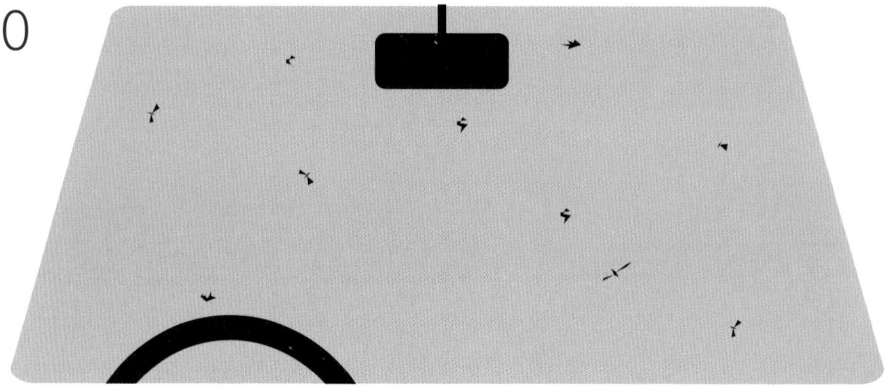

Rückgang der Insektendichte um bis zu 80 %

Der Markt regelt das!

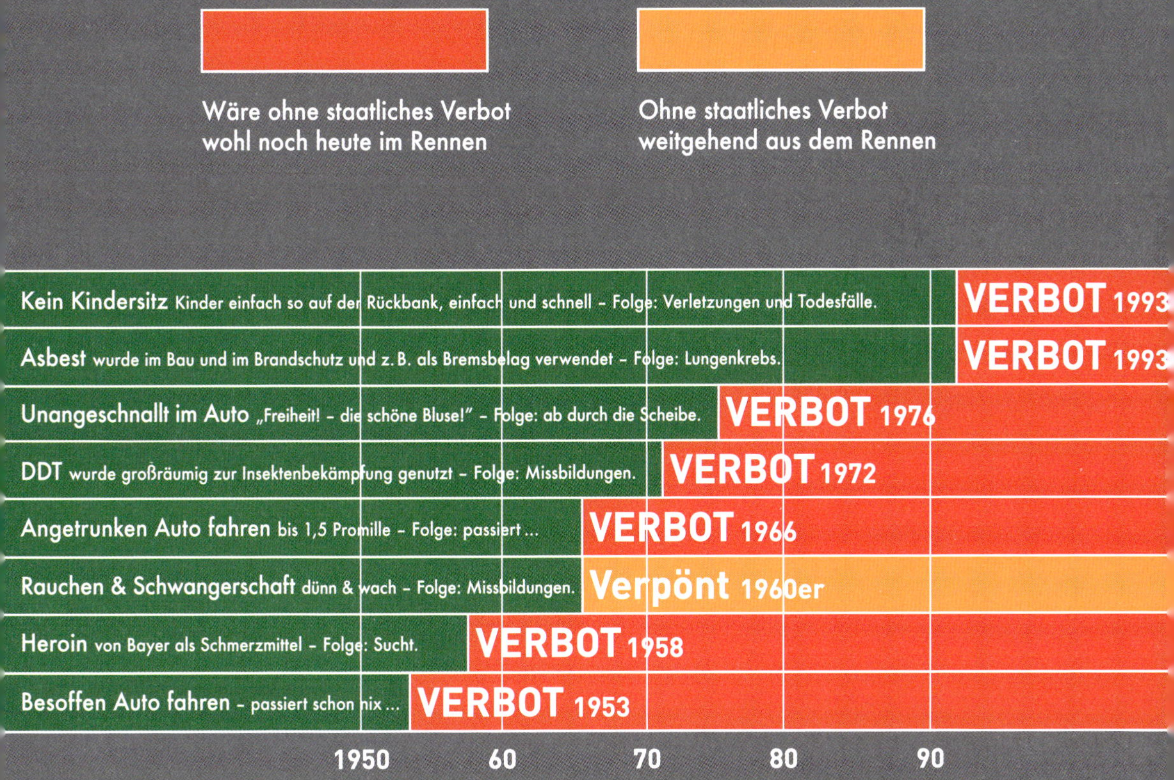

Wasserbedarf bei der Weinherstellung

Plötzlich ergrünt

Was Shell nach dem Brent-Spar-Desaster angeblich in erneuerbare Energien investiert hat

Was Shell nach dem Brent-Spar-Desaster tatsächlich langfristig in erneuerbare Energien investiert hat

Das Hamburger Radwegnetz

Im Design des HVV-Linienplans

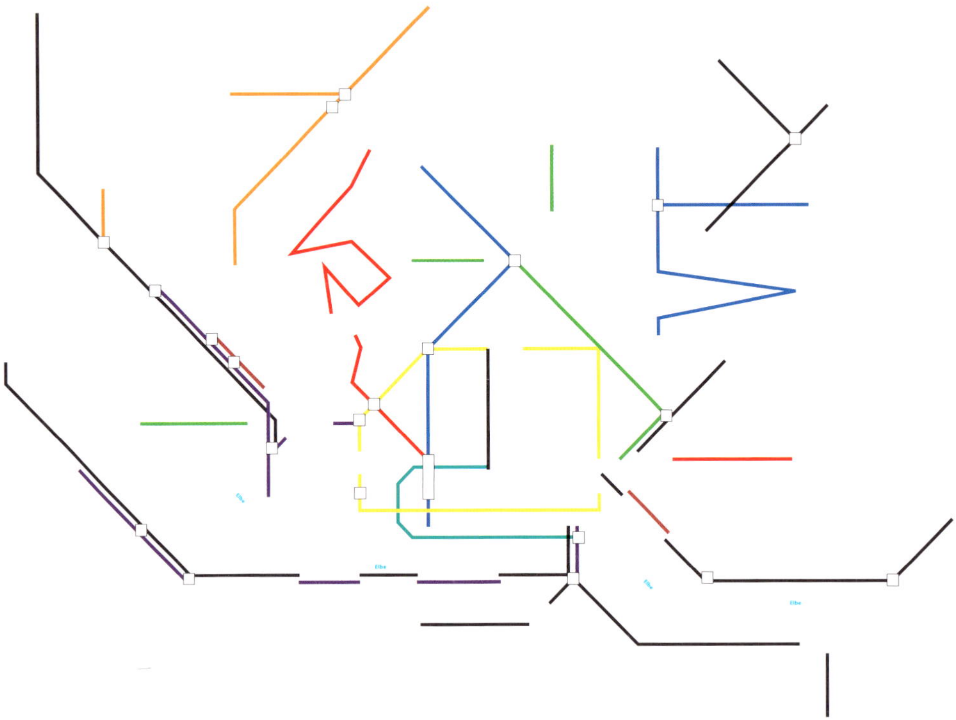

Was Deutschland kann

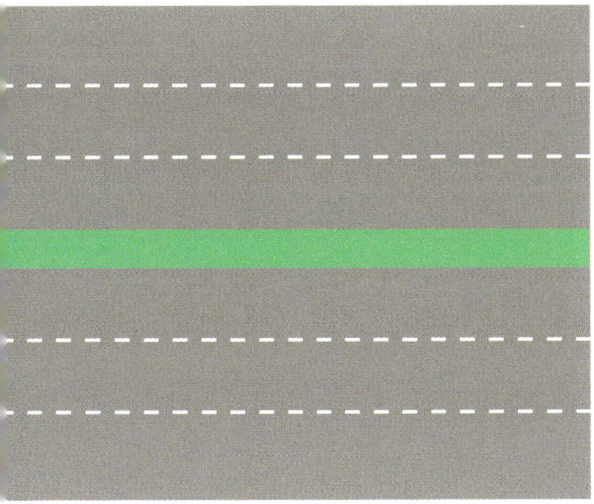

bis zu 100 Mio. € für einen Kilometer Autobahn

100 € für einmal Rampen asphaltieren auf dem Radweg

Ich muss mal kurz

veraltet

modern, aber
unpraktisch

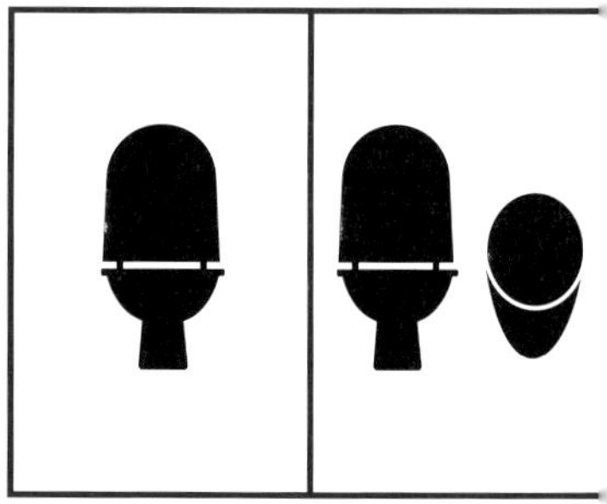

praktische Lösung

Gut in Worten

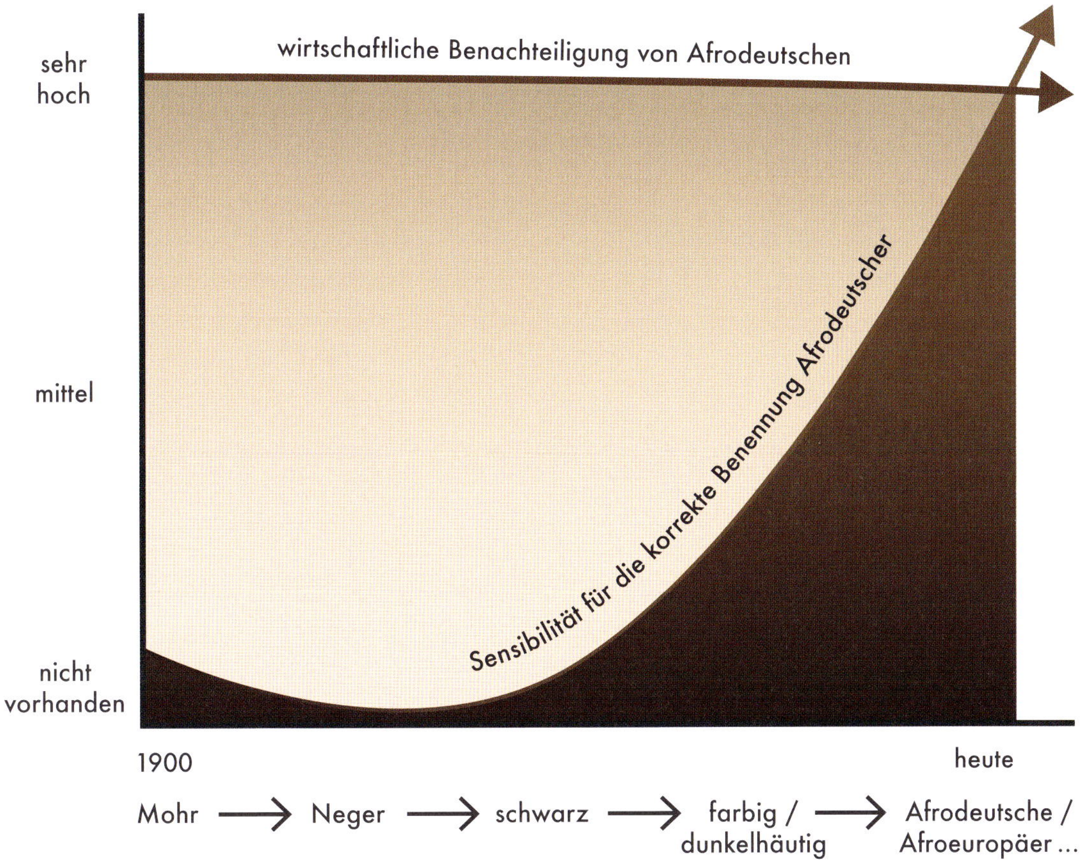

Parteien aus Sicht der FDP

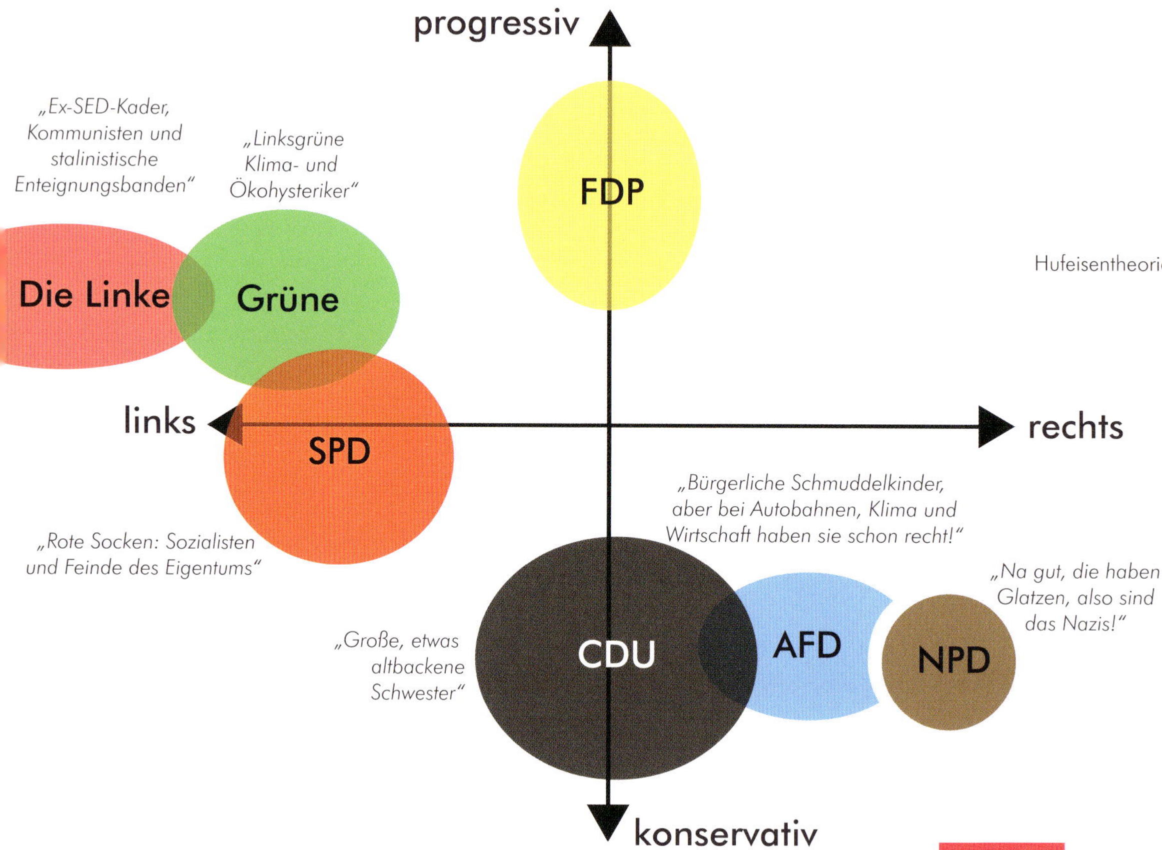

Alle Konzepte der FDP-Profis zum Klimaschutz in einem Bild

Parteien aus Sicht der CDU

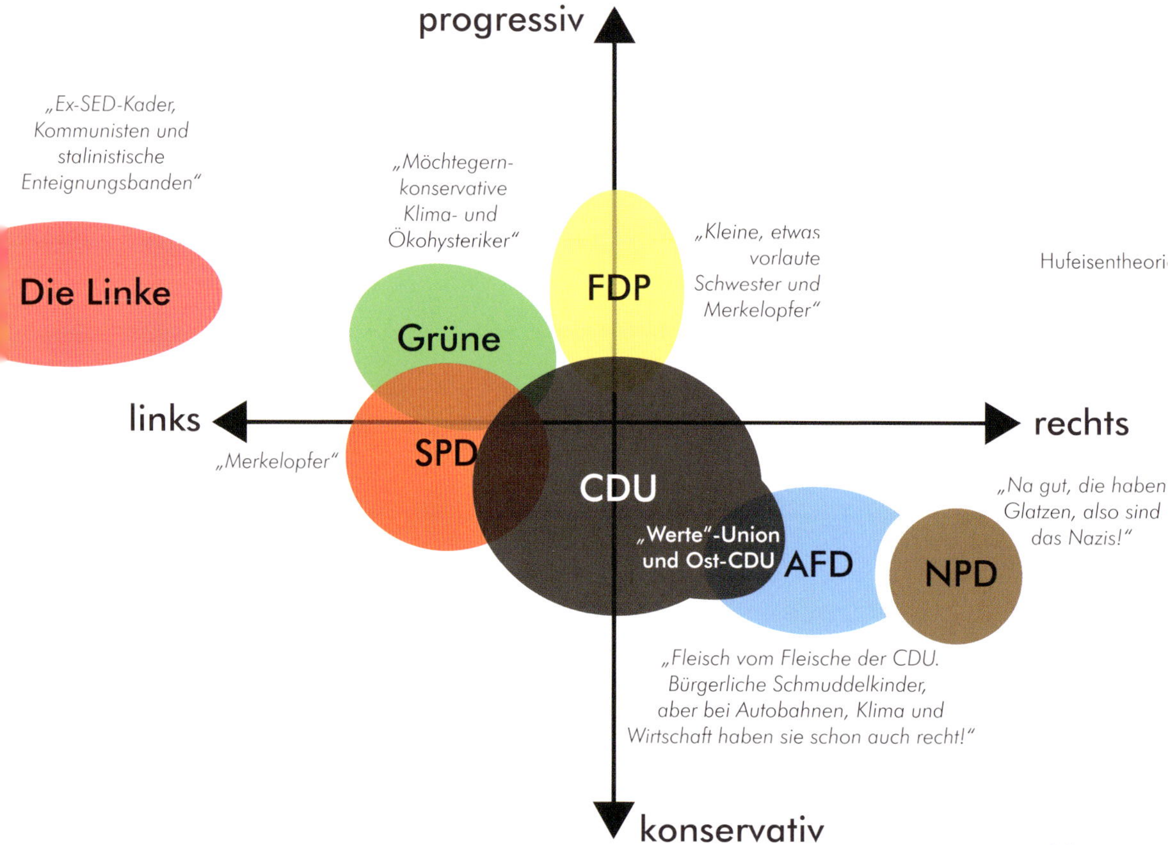

Konservative Werte

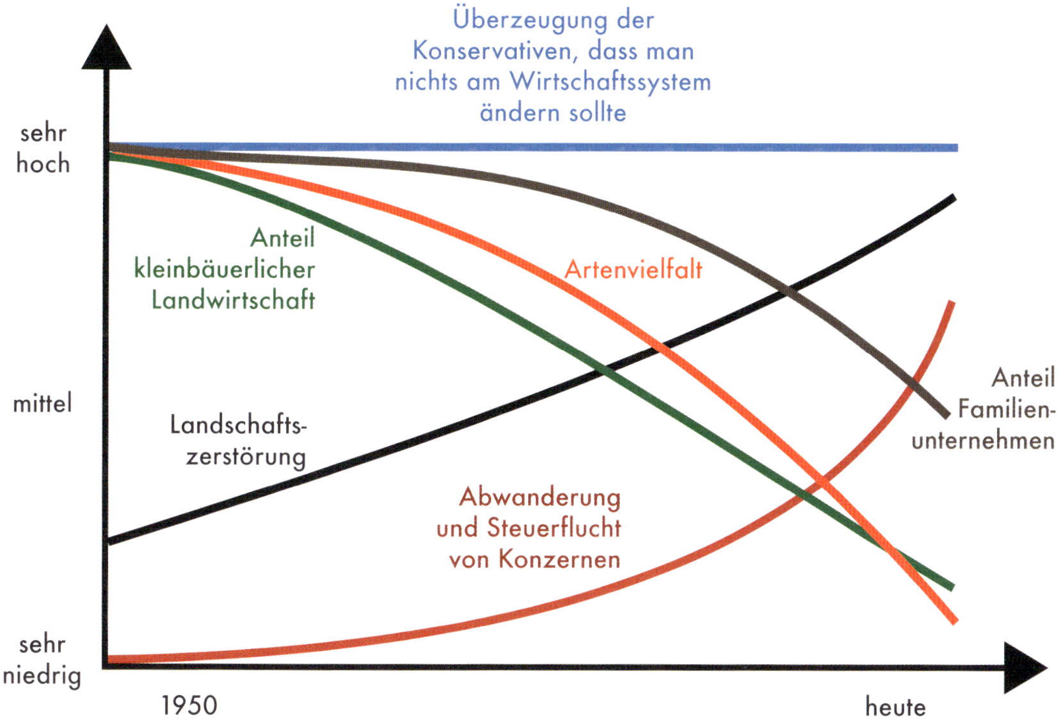

Parteien aus Sicht der SPD

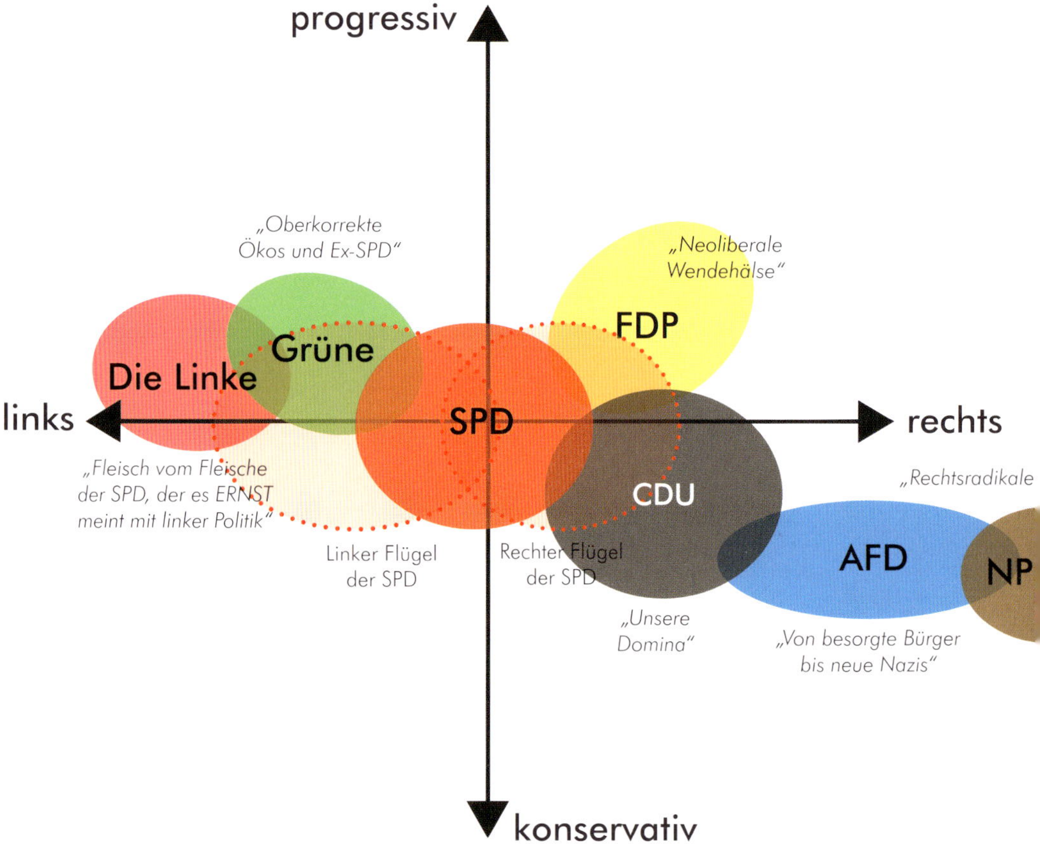

Bastelanleitung Bildungswürfel

Akademikerkinder

1. Knicken und kleben

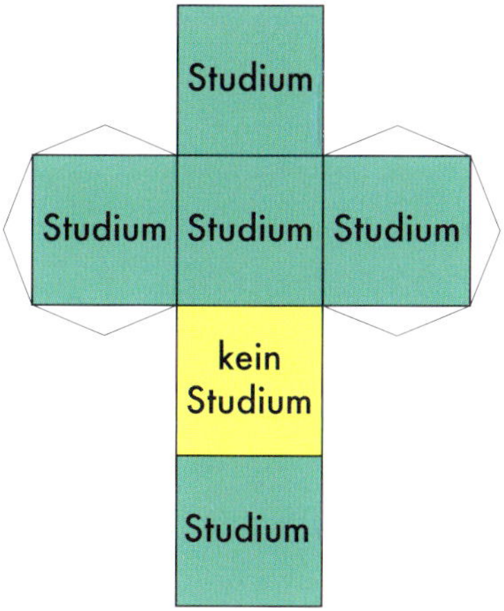

2. Würfeln

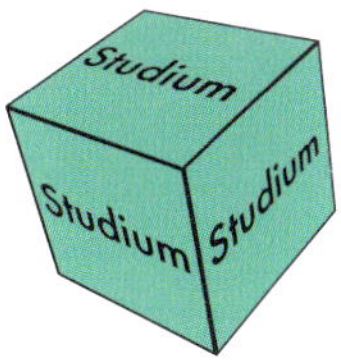

3. Freuen

Arbeiterkinder

1. Knicken und kleben

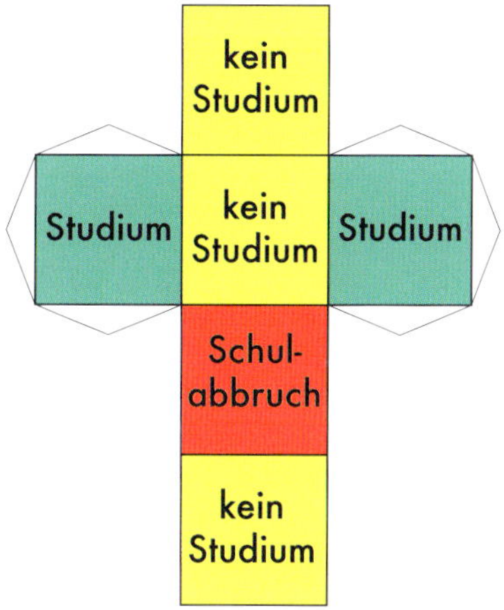

2. Würfeln

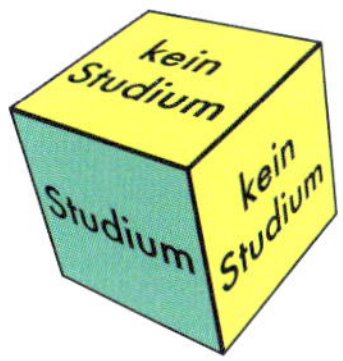

3. Ärgern

Parteien aus Sicht der Grünen

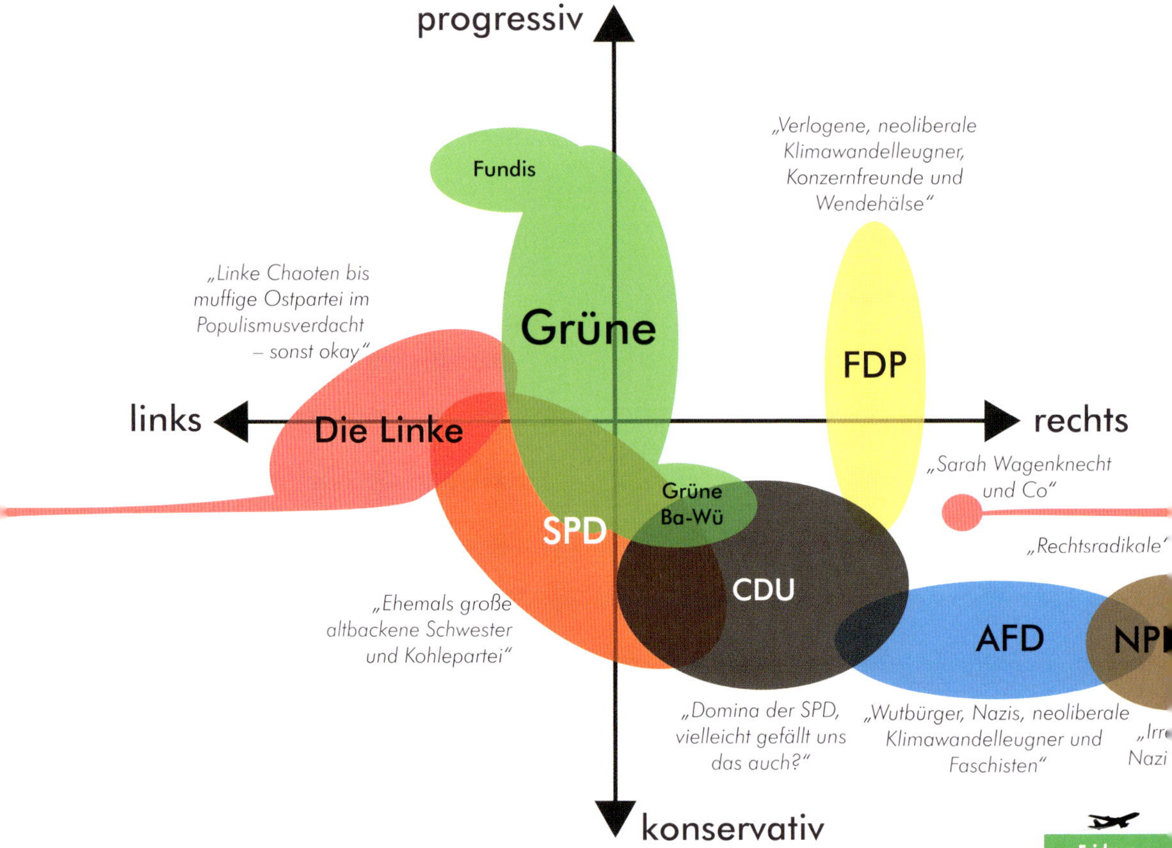

Was in der Coronakrise möglich ist

Homeoffice

weniger Flugreisen

Videokonferenzen

schnelles Agieren des Staates

Experten, auf die tatsächlich gehört wird

Was in der Klimakrise nicht möglich ist

Homeoffice

weniger Flugreisen

Videokonferenzen

schnelles Agieren des Staates

Experten, auf die tatsächlich gehört wird

Parteien aus Sicht der AfD

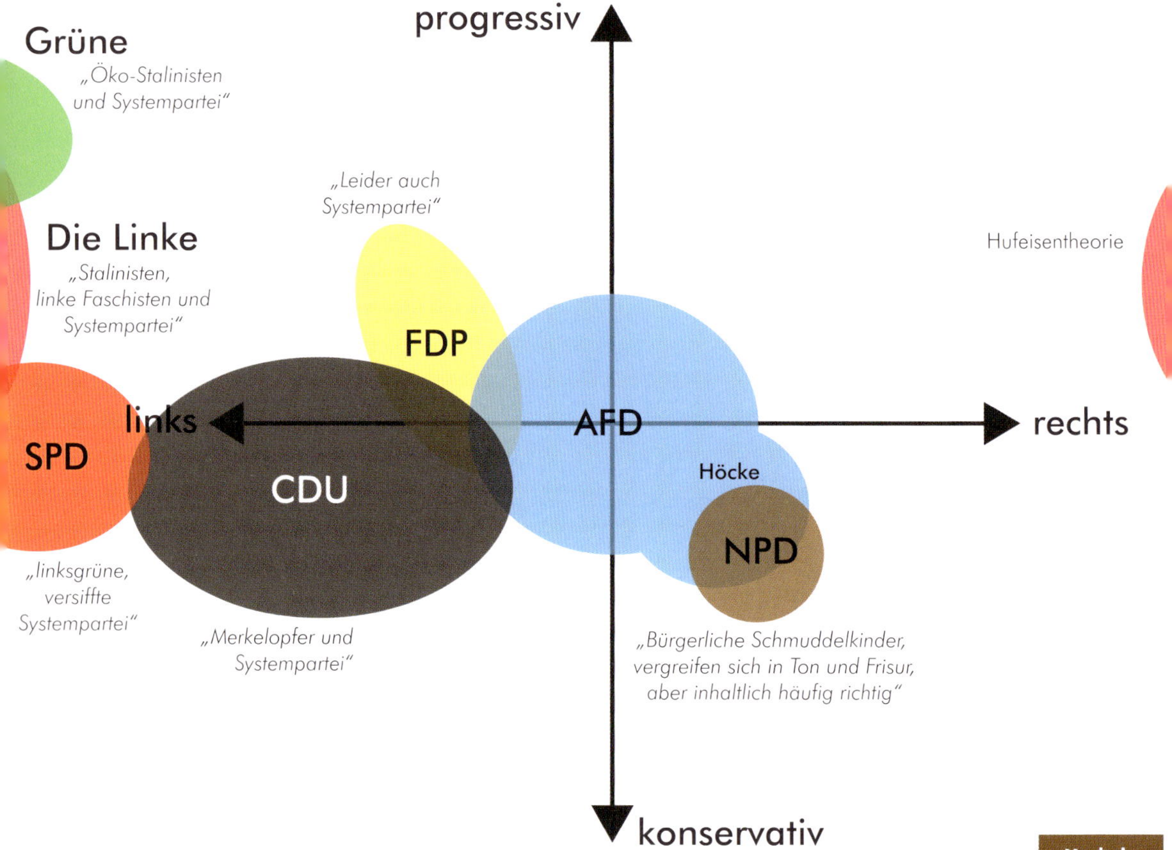

Flüchtlinge. Wer kommt?

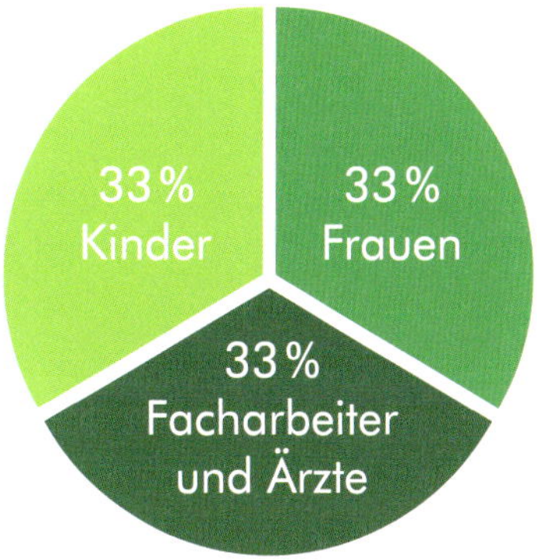

nach den Reportagen und Bildstrecken von *Taz*, *Süddeutsche*, *Zeit*, *Spiegel online* und Co

nach den Kommentaren bei *Bild*, *Spiegel online*, *Zeit* … und der AfD

in Wirklichkeit

Parteien aus Sicht der Linken

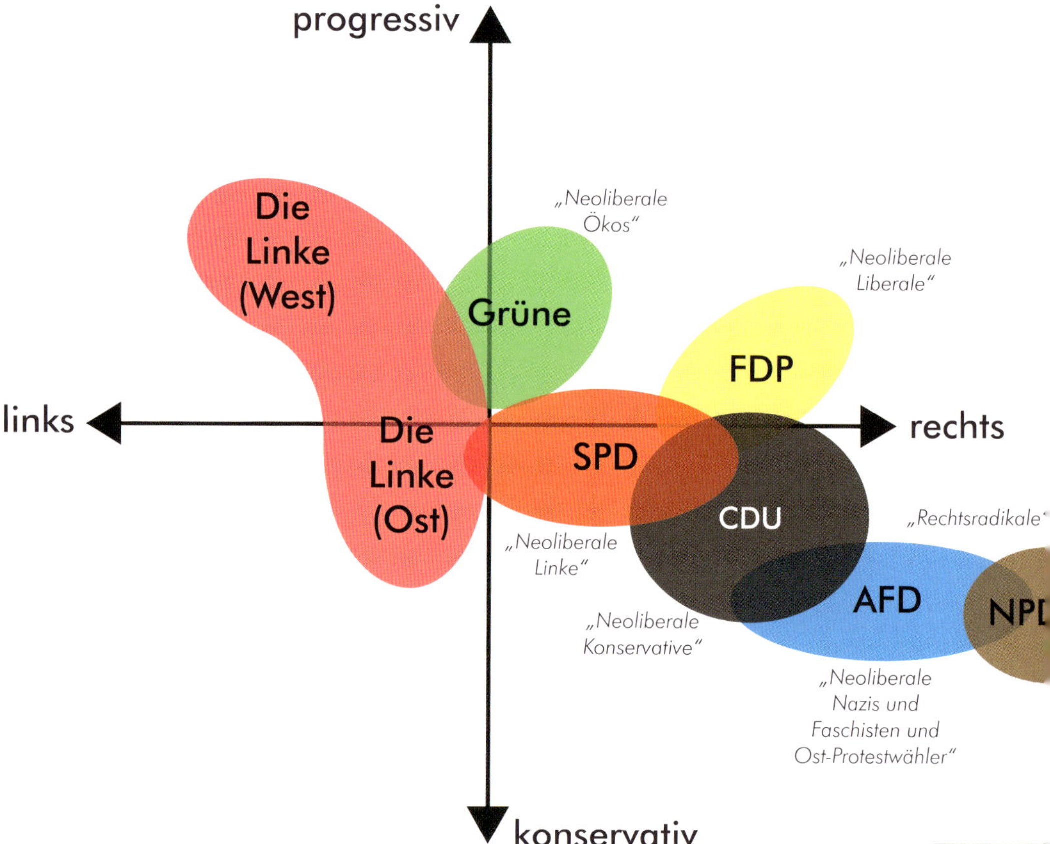

Monopoly 2020

Wer hat Bock auf eine Runde Monopoly 2020? Wir spielen mit 10 Leuten, einer besitzt am Anfang des Spiels 90 % des Geldes und der Immobilien, kann sich bei der Bank so viel Geld leihen, wie er möchte, zahlt keine Steuern und muss nie ins Gefängnis. 4 Spieler teilen sich 9 %, weitere 5 die verbleibenden 1 %.

Wenn dir das nicht gefällt, bist du Sozialist und willst zurück in die Steinzeit!

Demokratietest für Dummies

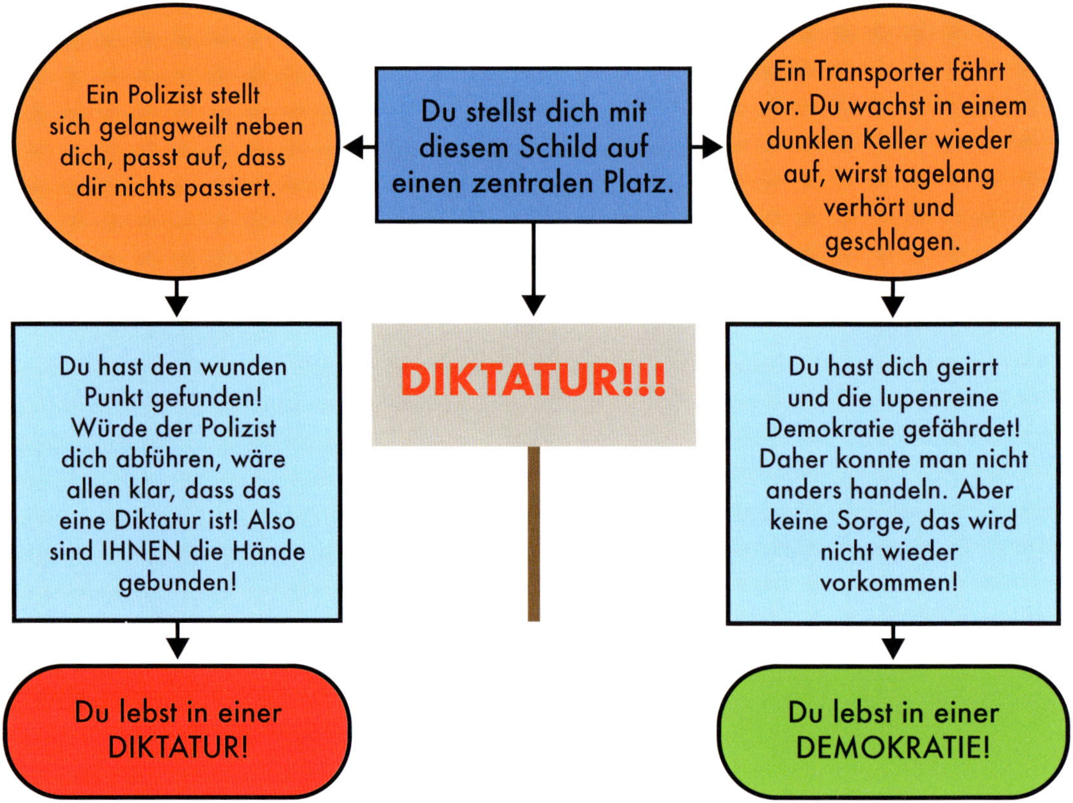

„Flatten the curve“ Diktatoren-Style

Das Leben als Musiker
Was deine Freunde sagen:
Waaas?
500 Euro für EIN Konzert?
So viel Kohle für 'ne Stunde Spaß
will ich auch mal kriegen!
Was du getan hast:
Proberaum bezahlen
üben
üben
Booking
Ungezählte Male „Ich bin so müde" denken
Anrufen, Mail, anrufen, Mail …
CD machen
Songwriting
Aufbau
100 unbezahlte Konzerte
Schleppen …
Social-Media-Gedöns
Presse-arbeit
Mitmusikern hinterherschreiben
Support your local Artist!

Vorstadt

Menschen, die ihre Kindheit in der Vorstadt hassten

Menschen, die in die Vorstadt ziehen, um ihre Kinder „sicher“ aufzuziehen

Warum wir im Ausverkauf zuschlagen

Was hilft gegen die Klimakatastrophe?

NICHTS

tun

Häufig wäre es für uns, den Planeten und das Klima am besten, wenn wir einfach mal faul sind, die Beine hochlegen und ein gutes Buch lesen. Oder mit Freunden ein gepflegtes Bier trinken.

Na? Super, dieser Klimaschutz, oder?

Out of Office.

Wie nachhaltig Deutschland ist

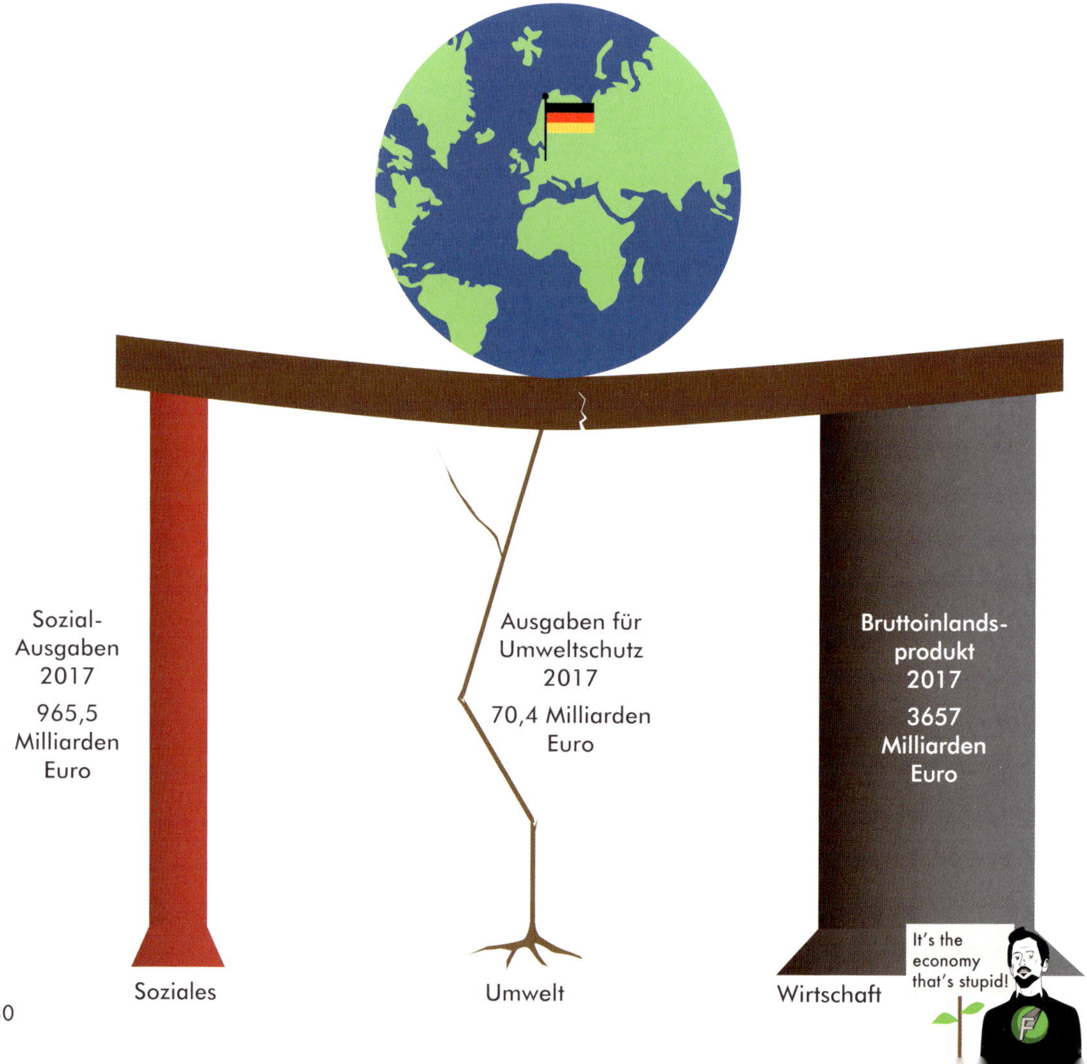

Schottergärten

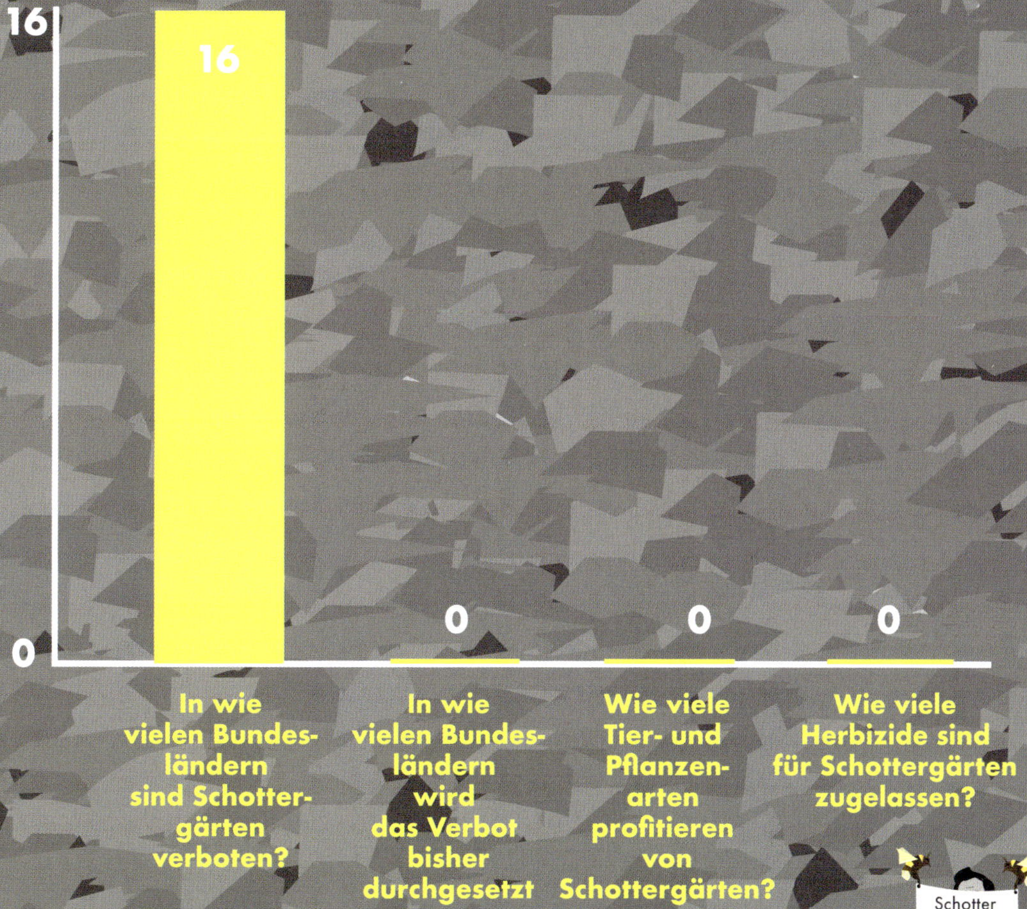

Förderung für den Kauf

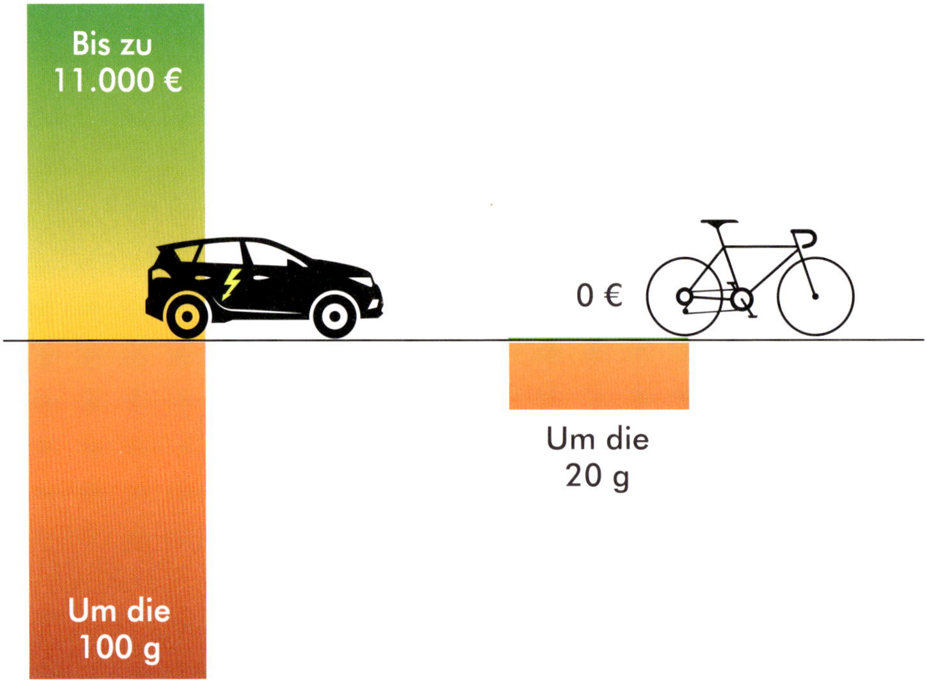

CO_2-Emission pro km

Fridays for Future vs. Fridays for Hubraum

Smartphone im 4G-Netz bei HD-Videos. Der weitaus größte Anteil des CO_2 fällt durch die mobile Datenübertragung an. Handy und Server fallen kaum ins Gewicht.

Im WLAN fällt der Wert auf unter ein Fünftel.

Faustregel: WLAN gut, kleine Auflösung gut, kleiner Bildschirm gut.

Diesel-SUV der Oberklasse bei um die 9 Liter/100 km tatsächlichem Verbrauch (Die Verbrauchswerte der Hersteller liegen deutlich unter der Realität). Ein konventioneller Kleinwagen oder ein Elektroauto kann den Wert auf ca. 100 g CO_2 pro km absenken.

Faustregel: Elektro eher gut, Kleinwagen gut, gemütlich fahren gut.

Wie viele Kilowattstunden (kWh) verbraucht eine Finanztransaktion?

Bitcoin

Dein Küchenherd 100 Stunden mit allen Platten an auf voller Power

Kreditkarte

Eine von Omas Funzelglühbirnen mit 30 Watt für 2 Minuten

Wie viel CO_2 emittiert das Pornostreaming weltweit?

Etwa so viel wie Griechenland

80 Millionen Tonnen oder 27 % des Stromverbrauchs des Internets. Und das, obwohl die Pornos keiner guckt.

Heute ein Vorbild

Land, das sich für vorbildliche Europäer hält und Europameister darin ist, andere Länder zu ermahnen, sich gefälligst an Recht und Gesetz zu halten.

Land mit 80 Vertragsverletzungsverfahren der EU im Jahr 2018, weil es sich nicht an Vorgaben der EU hält. Was Platz 2 in der Sünderkartei bedeutet.

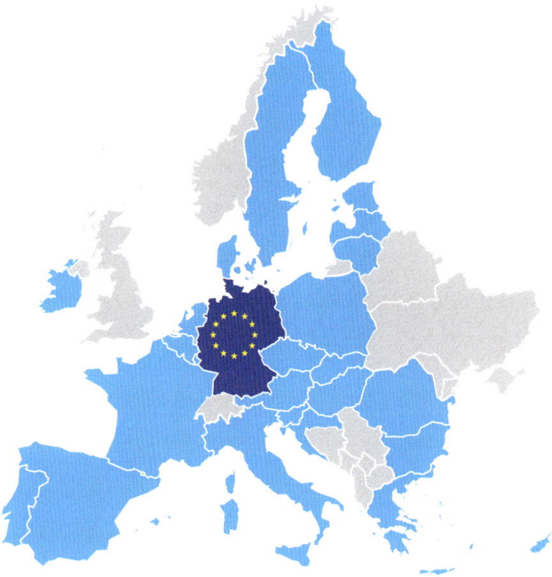

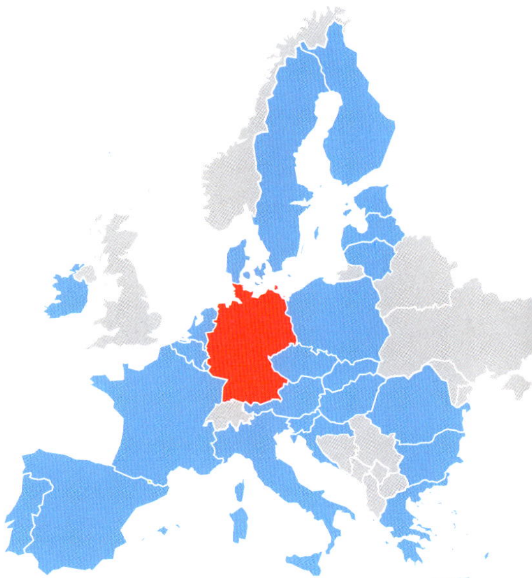

Die Bahn kommt (2)

Nach der Wende wurden allein in Ostdeutschland so viele Bahnkilometer stillgelegt (2623 km), wie es insgesamt in den Niederlanden gibt.

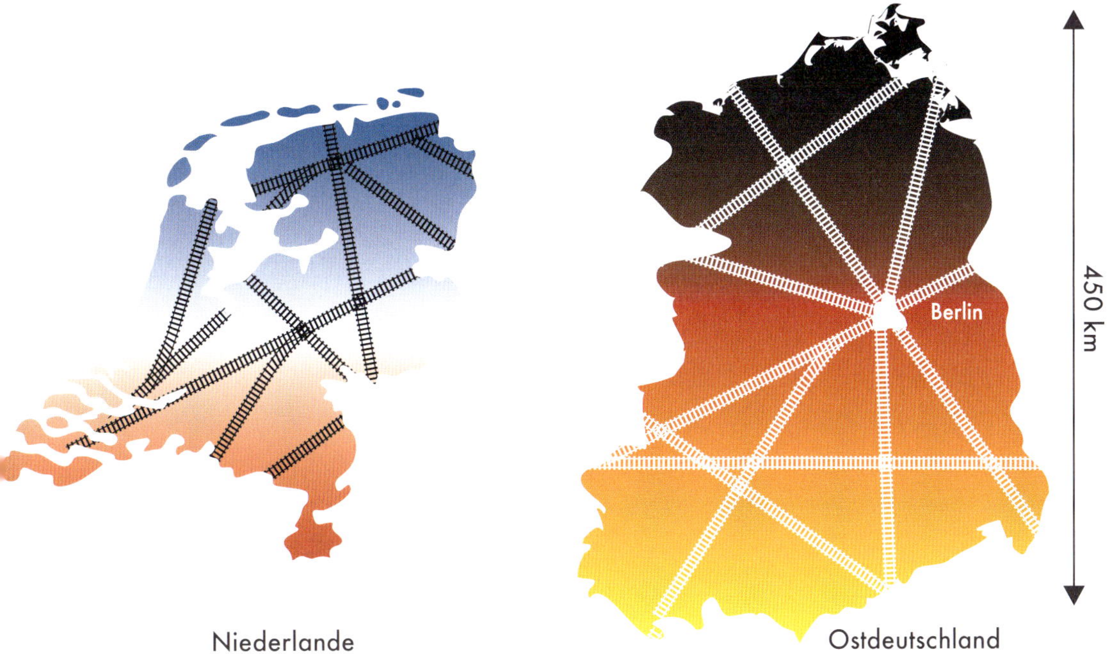

Wenn eine Tragödie passiert ist
Oh mein Gott!
Waren Deutsche unter den Opfern?
ARCTIC OCEAN
ARCTIC OCEAN
UNITED STATES
CANADA
Hudson Bay
Labrador Sea
Gulf of Alaska
UNITED STATES
NORTH ATLANTIC OCEAN
NORTH PACIFIC OCEAN
Gulf of Mexico
Caribbean Sea
BRAZIL
SOUTH PACIFIC OCEAN
SOUTH ATLANTIC OCEAN
ALGERIA
Mediterranean Sea
Norwegian Sea
North Sea
Drake Passage
Scotia Sea

ARCTIC OCEAN
ARCTIC OCEAN
Kara Sea
Laptev Sea
East Siberian Sea
Beaufort Sea
Chukchi Sea
RUSSIA
UNITED STATES
Bering Sea
Gulf of Alaska
NORTH PACIFIC OCEAN
CHINA
NORTH PACIFIC OCEAN
INDIA
Arabian Sea
Bay of Bengal
Philippine Sea
South China Sea
PHILIPPINES
Celebes Sea
Arafura Sea
Timor Sea
Coral Sea
INDIAN OCEAN
AUSTRALIA
SOUTH PACIFIC OCEAN
Tasman Sea

Stimmung in der Realität

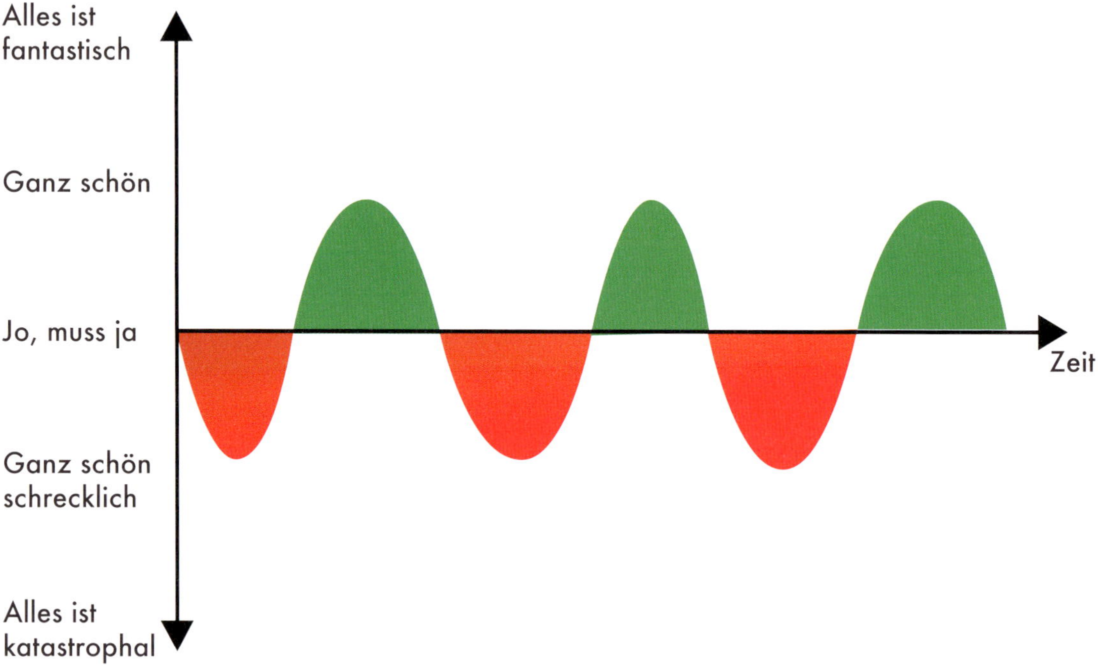

Stimmung in Social Media

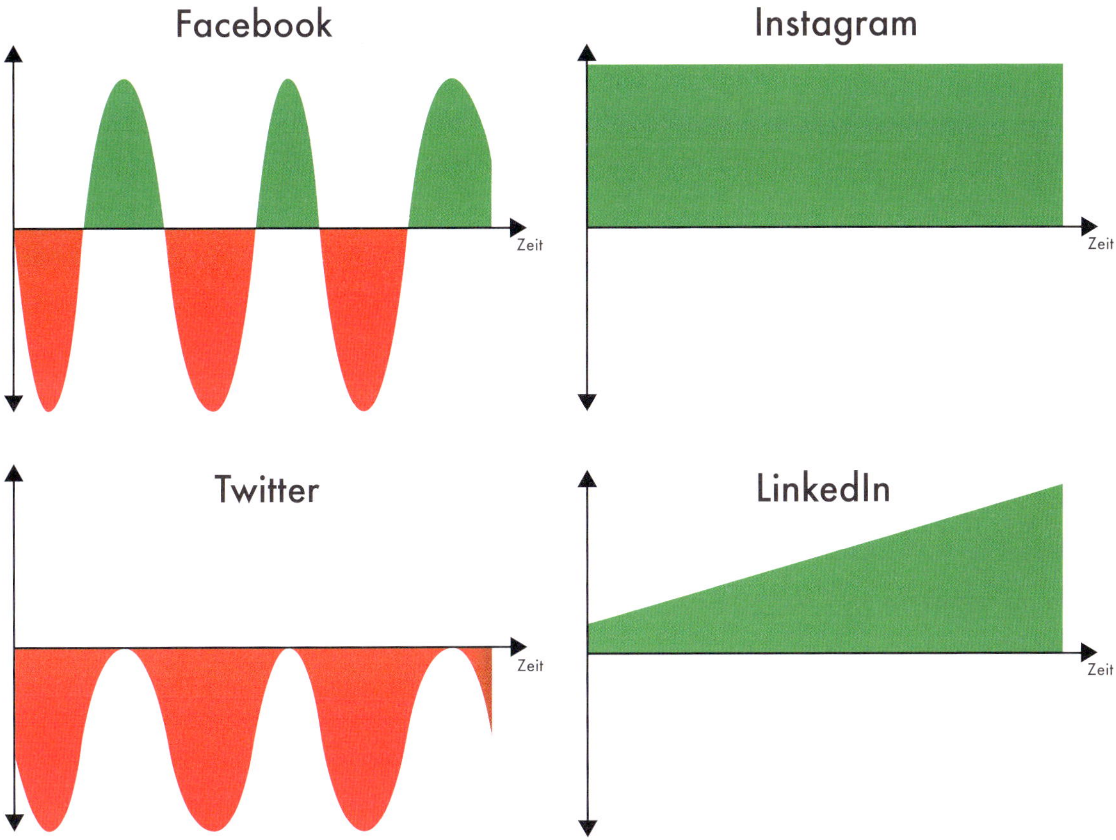

Was passiert mit deinem Geld?

Geld-zurück-Garantie

Umsatz EU 2007 – 2016: 111 Milliarden

Gewinn EU 2007 – 2016: 475 Millionen

Steuern EU 2007 – 2016: –15 Millionen

Amazon hat bei einer halben Milliarde Gewinn noch Geld vom Staat (Luxemburg) zurückbekommen.

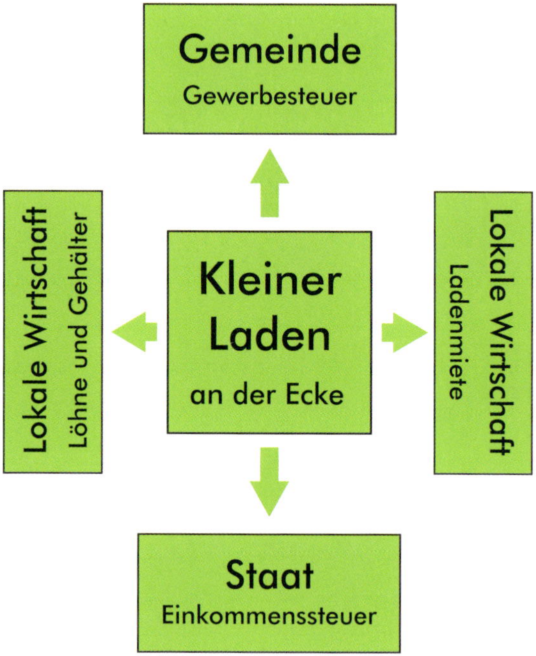

Ist was passiert?

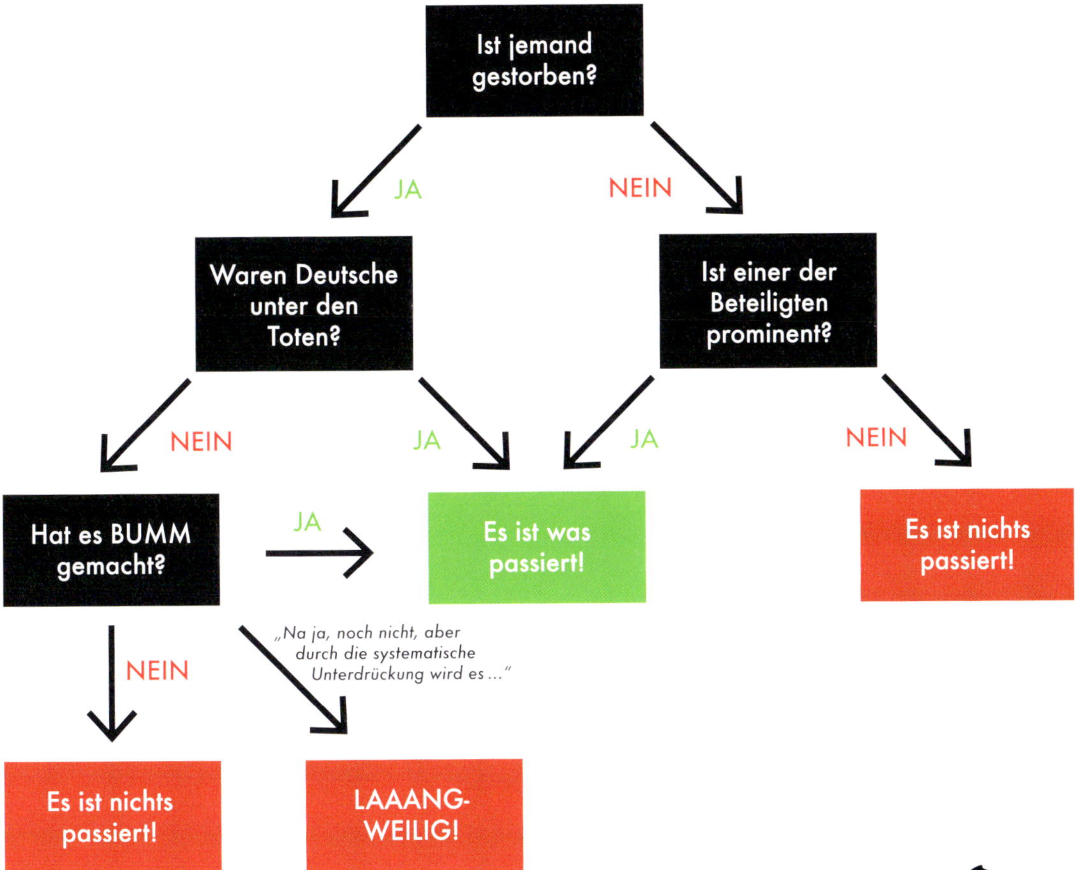

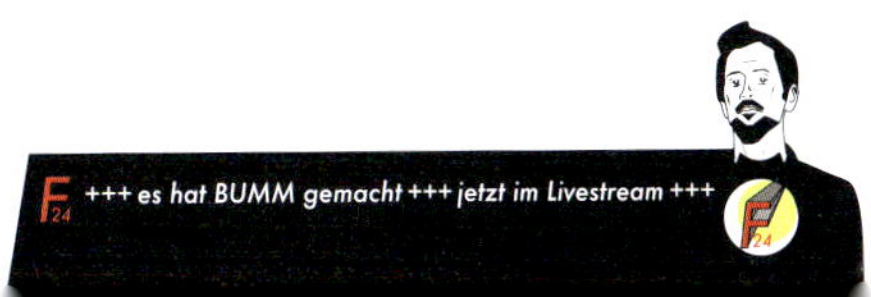

Die Zukunft aus der Sicht von Optimisten

Die Zukunft aus der Sicht von Pessimisten

ITÄT

Lebensstilgruppen Jahr 2010

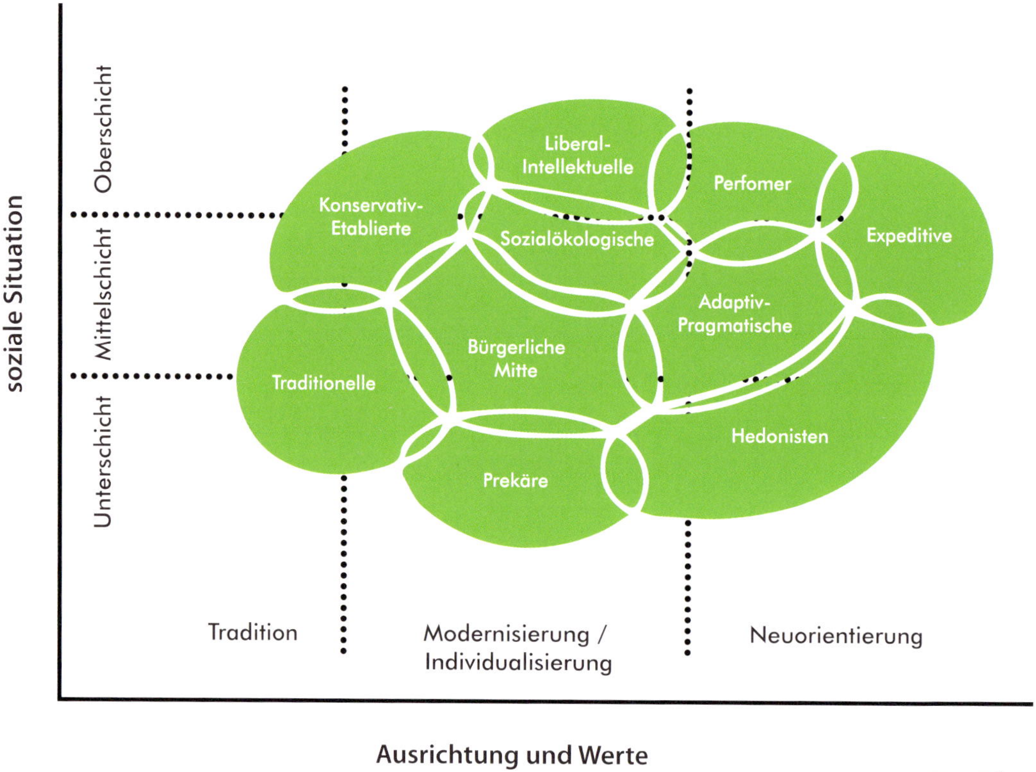

Lebensstilgruppen Jahr 2020

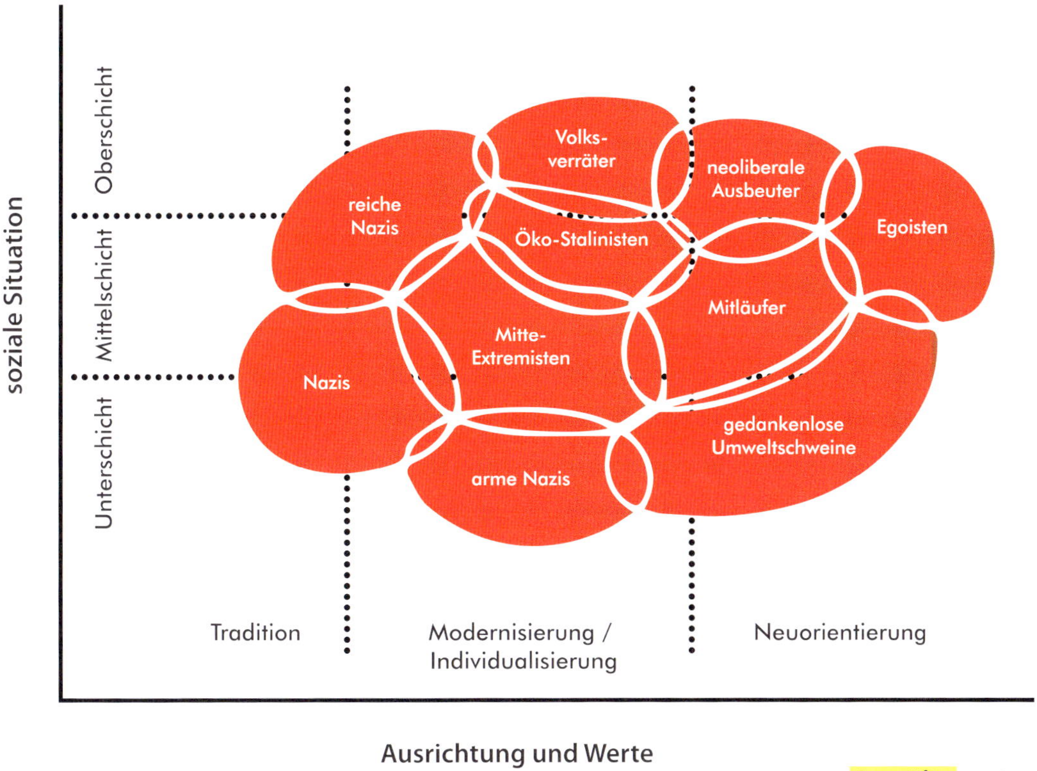

Empörungsjahreszyklus bis 2019

Empörungsjahreszyklus 2020

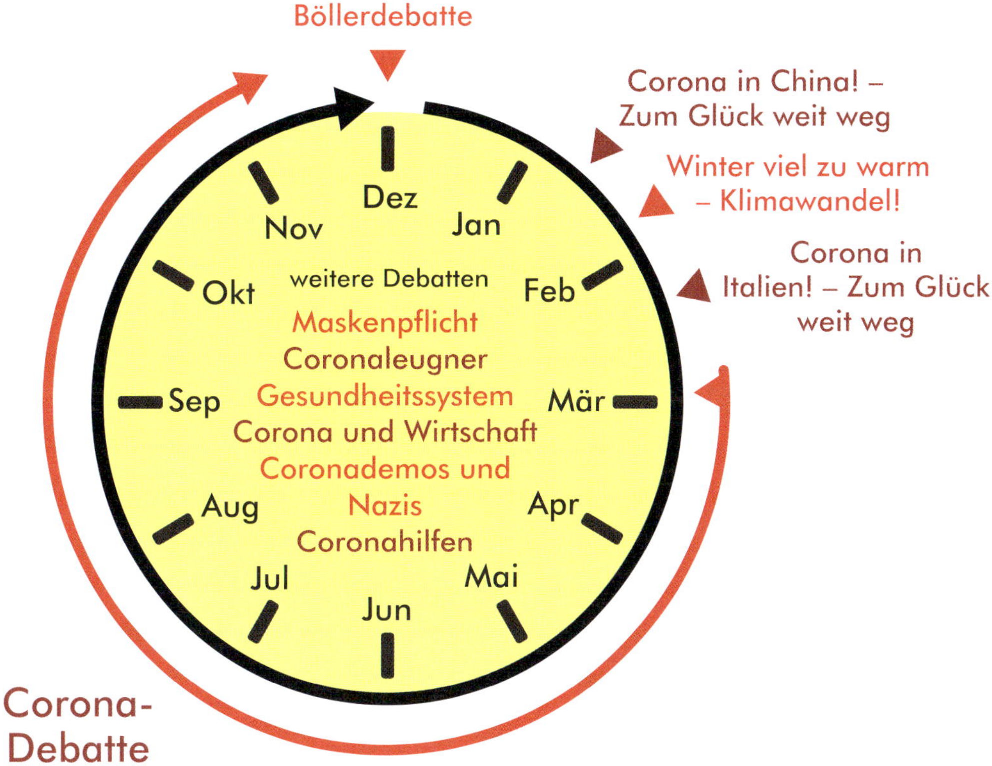

Wie lang wäre ein Stau aus allen Autos des Landes?

In 1 Sekunde

verdient Jeff Bezos 2500 €

gibt es 2,5 Menschen mehr

läuft Usain Bolt 10,44 Meter

werden 3,1 Autos gebaut

wird ein halbes Fußballfeld Regenwald abgeholzt

Die wahren Kosten der Energie

Weltweite direkte und versteckte Subventionen pro Jahr in Milliarden Dollar

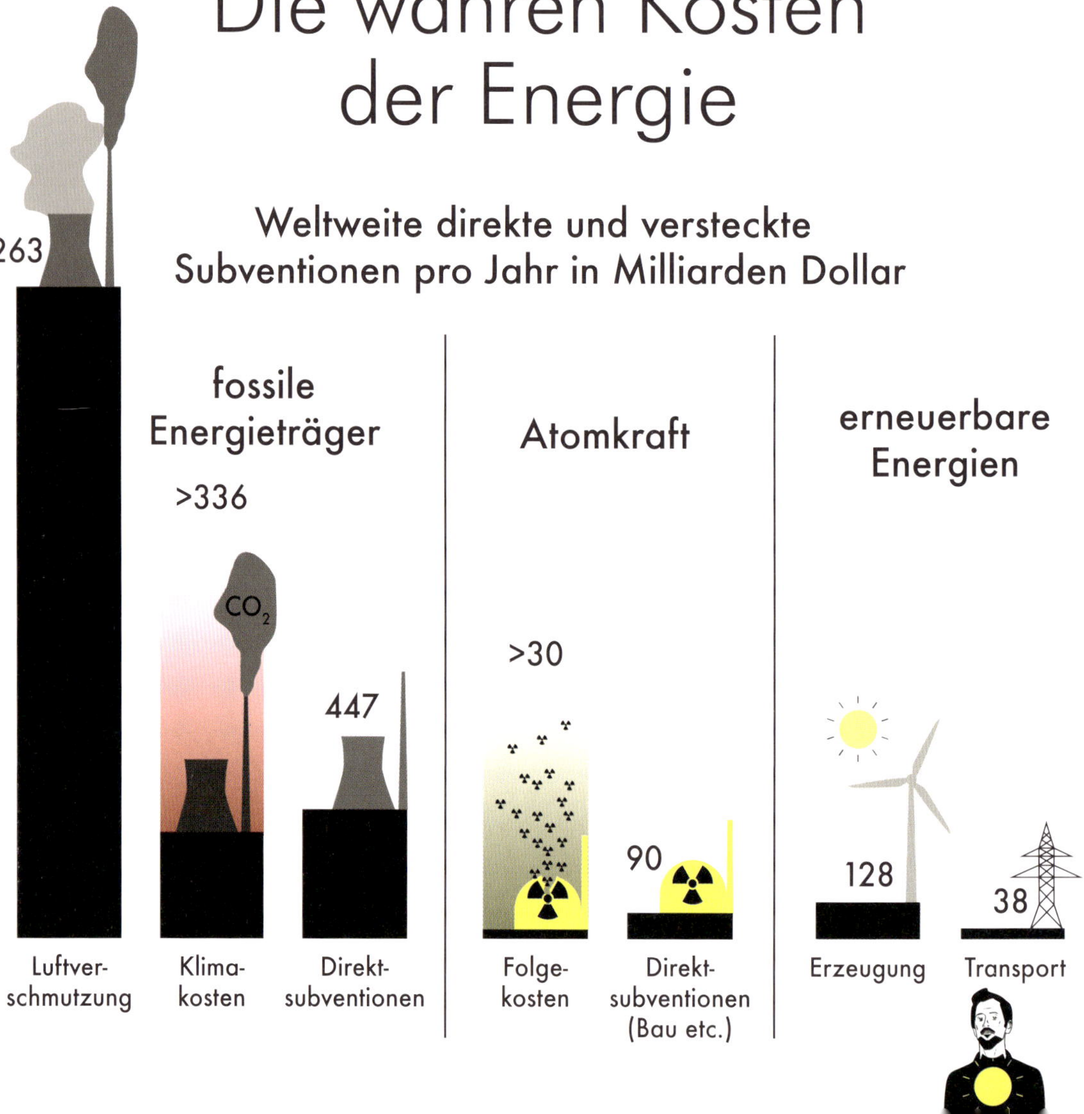

Wer rettet jetzt die Welt für uns?

Hier kannst du dich einzeichnen.*

* Egal wie die Welt ausgesehen hat: Am Ende war es immer das gute Vorbild, das mehr bewirkt hat als tausend Statistiken der alternativlosen Realpolitiker und der bequemen Zyniker. Was heute noch unmöglich scheint, kann morgen schon selbstverständlich sein.

Und da draußen ist niemand mit der Jobbeschreibung „Weltretterin oder Weltretter". Kein Gott, keine Heldin, die die Sache für uns löst. Nur du und ich. Also nimm du die Fahne. Ich bin direkt hinter dir und spiel die Fanfare. Denn man kann die Welt nicht nicht retten – sie ist die schönste, die wir haben.

Ausführliche Erklärungen
und Verweise für ausgewählte
Grafiken mit realen Zahlen

Chance, die Wohnung zu bekommen

Captain Futura hat mal zusammen mit zwei Freunden eine Wohnung in Hamburg gesucht. Nach 30 Wohnungsbesichtigungen ohne ein einziges Angebot wurde klar: Es war völlig egal, dass wir alle gut verdienten. Wir waren drei Männer und damit warteten offensichtlich endlose Partys und Zerstörung auf die Vermieter. Ein Freund gab uns schließlich den Tipp, als schwules Pärchen weiterzusuchen. Innerhalb von einer Woche bekamen wir trotz des nun geringeren Gesamteinkommens nach drei Besichtigungen drei Angebote. Wir ließen den dritten Freund dann als Lebenspartner nachziehen. Der Vermieter muss in diesem Fall beweisen, dass es sich nicht um einen Lebenspartner handelt. Da Dreiecksbeziehungen nicht verboten sind, ist das faktisch nicht möglich. Wir hatten sechs Jahre lang eine verdammt coole und ordentliche WG und haben ab und an eine Party gefeiert. Und wir hatten mit allen Nachbarn inklusive eines Frauenarztes und einer Praxis für Paartherapie unter uns ein fantastisches Verhältnis. Wobei wir die Paartherapie trotz unser komplizierten Dreierbeziehung nie in Anspruch nehmen mussten. Seitdem weiß ich: Man muss nicht mal den „falschen", zufällig nicht ganz biodeutschen Nachnamen haben – es reicht völlig aus, als Männergruppe eine Wohnung zu suchen, um keine zu bekommen.

„Die Linke ist genauso schlimm wie die Rechte!"

Da sich bis auf Brandenburg und partiell auch Sachsen und Sachsen-Anhalt leider fast alle Bundesländer (übrigens gerade auch die West-Bundesländer!) schwertun, Altfälle zu überprüfen, habe ich als Basis die Zahlen der Amadeu Antonio Stiftung genommen. Diese hat sich die Mühe gemacht, einmal selbst nachzuforschen, und erfasst z. B. auch Obdachlose, die häufig Opfer von Rechten werden, aber fast nie in der offiziellen Statistik auftauchen. Auch bei den Zahlen von Amadeu bleibt eine sehr hohe Dunkelziffer bei rechten Morden, das räumt die Stiftung selbst ein. So kommt etwa der *Tagesspiegel* auf bis zu 800 Verdachtsfälle, aber mir war es wichtig, bei den Zahlen konservativ zu sein. Auch wenn ich es sonst aus gutem Grund nicht bin.

https://www.amadeu-antonio-stiftung.de/rassismus/todesopfer-rechter-gewalt/

https://www.tagesspiegel.de/politik/rechtsextremer-terror-sehr-viel-mehr-opfer-als-bisher-bekannt/9170756.html

https://www.zeit.de/gesellschaft/zeitgeschehen/2015-06/rechte-gewalt-todesopfer-zahlen-brandenburg

https://www.welt.de/politik/deutschland/article13725571/181-Todesopfer-durch-rechte-Gewalt-in-Deutschland.html

Prioritäten

Die Zahl der im Jahr 2019 ausgestorbenen Tierarten könnte laut *Science* zwischen 11.000 und 58.000 liegen. Die hier angenommenen 14.350 sind also eher vorsichtig am unteren Ende des möglichen Spektrums angesetzt. Ich frage mich, was trauriger ist: dass so viele Arten im Jahr aussterben oder dass wir nicht einmal wissen, wie viele es sind, und die meisten Arten überhaupt nicht kennen. Denn die Zahlen sind Hochrechnungen, die insbesondere auf dem Lebensraumverlust in Biodiversitätshotspots basieren. Zu den Hotspots gehören z. B. Regenwälder und Korallenriffe, beides Lebensräume, die durch den Klimawandel zusätzlich unter Druck geraten bzw. durch die gefürchtete Korallenbleiche kurz vor dem Kollaps stehen – während Australien einen neuen Kohlehafen direkt im Great Barrier Reef plant. Wir zerstören etwas, ohne überhaupt zu erahnen, wie viel wir verlieren werden. Und der Prozess beschleunigt sich Jahr für Jahr. Aber hey, guck mal das neue Emoji hier!

https://www.spiegel.de/wissenschaft/natur/artensterben-jaehrlich-verschwinden-58-000-tierarten-a-982906.html#:~:text=Derzeit%20gingen%20von%20den%20%2D%20vorsichtig,Regionen%20sei%20dabei%20nicht%20ber%C3%BCcksichtigt.

https://science.sciencemag.org/content/345/6195/401

Einhörner

Natürlich ist die Anzahl der Einhörner aus Plastik komplett frei erfunden. In Wirklichkeit werden es wahrscheinlich deutlich mehr sein. Wer übrigens durch die Karstgegenden Europas reist, wird merken: Das Einhorn ist keine neue Erfindung. Es gibt frei geschätzt circa 3250 Einhornhöhlen allein in Europa. In Höhlen findet man gerne Knochenhaufen von Tieren, die dort gelebt haben, abgestürzt sind oder gegessen wurden. Wenn man die Knochen mit viel Fantasie zusammensetzt, kann man so ziemlich jedes Fabelwesen konstruieren. Und das Einhorn als das Sagentier Nummer 1 ist natürlich eine logische Wahl. Ich denke daher, wenn eines Tages eine hoffentlich klügere Zivilisation unsere Hinterlassenschaften findet, werden sie überzeugt sein: Damals haben Einhörner gelebt. Denn die Einhornsage und das Plastikeinhorn werden uns überleben.

Eiwissen

Ist Käfighaltung nicht verboten? Ja. Eigentlich. Theoretisch. Man wollte sie verbieten. Dann kamen die Hühnerbarone und plötzlich war es wie in modernen Großraumbüros: Statt in Einzelhaft sind die Hühner jetzt in Gruppenhaft. Sie sind dabei so eng gepackt, dass sie sich teilweise noch aggressiver kaputthacken als vorher. Aber sie haben jetzt Matten zum Scharren, auf denen sie sich in Ermangelung von Sand mit fettigen Futterkrümeln zum Baden behelfen. Allein dieser Fakt sollte eigentlich jeden Menschen mit einem Fünkchen Empathie zum gesetzgeberischen Bolzenschneider greifen lassen. Aber stattdessen bleibt dank der Lobbyarbeit diese Art der Tierquälerei noch bis 2025 „aus Abschreibungsgründen" erlaubt.

Auch das Schreddern von männlichen Küken (diese sind wertlos für die Eierproduktion) sollte eigentlich längst verboten sein. Und dann kamen – genau: die Hühnerbarone. So wurde 2019 eine Rekordzahl von 45,3 Millionen männlichen Jungtieren nach der Geburt geschreddert und entsorgt. Das neue Ziel der Bundesregierung ist jetzt, das Geschlecht der Embryos vor dem Schlüpfen zu bestimmen, um dann das Schreddern zu verbieten, ohne die Wirtschaft zu belasten. Wobei auch in diesem Fall die Eier entsorgt werden müssten. Wer keine Lust hat, auf die wolkige, lobbygesteuerte Politik der Landwirtschaftsministerin Julia Klöckner zu warten, kauft daher Eier mit Bruderhahnaufzucht. Die Mehrkosten für einen fairen Umgang mit den Tieren liegen bei 0,5 bis 2 Cent pro Ei.

https://bauernhahn.de/kleingruppenhaltung

https://www.zeit.de/wissen/2019-05/tierschutz-kueken-sterben-gefluegelwirtschaft-bundesverwaltungsgericht-alternativen

Wie CSU-Verkehrspolitik und SUV-Trend den Klimaschutz gefährden

Ab 2020 soll in der EU schrittweise ein Grenzwert von 95 Gramm CO_2 pro Kilometer für die Neuwagenflotten der Autohersteller eingeführt werden. Angesichts der Grafik fragt man sich, wie das erreicht werden soll. Die realistischen Verbrauchswerte liegen derzeit eher beim doppelten Wert. Die Antwort ist einfach: durch Rechentricks. Aber dazu später mehr.

Bis Ende 2018 wurde im alten NEFZ-Verfahren getestet. Im Zuge des Dieselskandals hat man auf das bessere Verfahren WLPT umgestellt. Allen Beteiligten war übrigens auch vorher jederzeit klar, dass das NEFZ-Verfahren immer unrealistischer wurde und die realen Verbrauchswerte um bis zu 30 Prozent zu niedrig angegeben hat. Denn die Autohersteller haben zunehmend für das Testverfahren und nicht für das reale Fahrverhalten optimiert. Was übrigens auch bei WLTP wieder passieren wird. WLTP ist derzeit bei Kleinwagen recht genau (nur ca. 5 Prozent Abweichung), bei großen SUVs und Geländewagen liegen die Messwerte aber bis zu 20 Prozent zu niedrig. Wer so einen SUV hat, will den natürlich auf der Autobahn auch voll ausfahren und dann steigt der Verbrauch der rollenden Schrankwand exponentiell. Bei Hybridautos wird der Ausstoß zudem um bis zu 100 Prozent unterschätzt. Plug-in-Hybride (gern die schweren SUVs von BMW und Mercedes) sind häufig Firmenwagen, und wenn die Tankkarte im Handschuhfach liegt, sind die meisten wenig motiviert, eine Steckdose zu suchen. In der Folge wird eine viele hundert Kilo schwere Batterie spazieren gefahren. Zu guter Letzt zählen verkaufte Elektroautos doppelt in der Statistik. Mit null Emissionen. Indem die Hersteller so den durchschnittlichen Flottenverbrauch ihrer Neuwagen künstlich senken können, soll ihre Produktion gefördert werden. Sie emittieren aber bei realem deutschem Strommix und wenn man die sehr energieintensive Produktion der Batterie anteilig anrechnet eher um die 95 Gramm CO_2. Ich habe all diese Verzerrungen mal aus der Statistik herausgerechnet und einen halbwegs realistischen Wert ermittelt. Dieser basiert stichprobenartig auf dem Verbrauchsmonitor, wo reale Menschen reale Verbrauchswerte eintragen, und rechnet von da aus hoch. Der durch den Wechsel des Messverfahrens mitverursachte Anstieg seit 2016 ist dann nicht mehr so stark, aber immer noch deutlich vorhanden. Getrieben von dem Trend zu immer größeren und schwereren Autos. 2014 waren 10 Prozent der neu zugelassenen Autos SUVs – 2019 mehr als doppelt so viele. Freundlich begleitet wird dieser Trend von einer völlig verfehlten CSU-Verkehrspolitik mit Beißhemmung gegenüber der Autoindustrie.

Aber wie kommen wir jetzt in Reichweite eines Flottengrenzwerts von 95 Gramm CO_2? Nun, man hat ja den Grenzwert noch für das alte Testverfahren NEFZ festgelegt. Insofern rechnet man die neu ermittelten, besseren Werte von WLTP einfach auf NEFZ zurück, zählt dazu alle Elektroautos doppelt in die Statistik, nimmt die Plug-in-Hybride mit völlig unrealistischen Werten dazu und plötzlich sind 95 Gramm CO_2 pro Kilometer gar nicht mehr so weit. Dass die dann ermittelten Werte so viel mit der Realität zu tun haben wie der Aktienkurs von Tesla – geschenkt. Der Aktienkurs von Tesla ist übrigens nur so stark gestiegen, weil die deutschen Autokonzerne, jahrelang verhätschelt von der Politik, den Trend für saubere Mobilität komplett verschlafen haben und jetzt mit Riesenaufwand Anschluss finden müssen. Letztendlich haben CSU und Co den Autokonzernen damit einen Bärendienst erwiesen. Da eine komplette Aufarbeitung des Themas den Rahmen dieses Buches sprengen würde, hier ein Link zu allen weiterführenden URLs, gesammelt auf meinem Blog.

https://www.captain-futura.de/2020/09/09/klimaschutz-und-verkehr/

Study 'n' Run

Für alle, die nicht in der Wissenschaft beschäftigt sind, hier ein Zitat aus dem Bericht der Gewerkschaft Erziehung und Wissenschaft, der es schön zusammenfasst: „Derzeit haben neun von zehn wissenschaftlichen Mitarbeiterinnen und Mitarbeitern nur einen Fristvertrag, die Mehrzahl davon mit einer Laufzeit von weniger als einem Jahr." Die Wissenschaft ist längst zu einem Study 'n' Run geworden, bei dem einzig eine Professur Planungssicherheit bietet. Nur ist die Professur für mehr als 99 % der Menschen im Wissenschaftsbetrieb unerreichbar. Und wenn man das Ende der Befristung erreicht, wird man nicht etwa als Belohnung fest eingestellt – sondern hat Glück, wenn man überhaupt noch ein Drittmittelprojekt findet, das einen einstellen kann (da dann ein Sachgrund gegeben ist). Unter diesen Bedingungen ist es fast unmöglich, halbwegs entspannt eine Familie zu gründen oder sich voll auf die Forschung zu konzentrieren. Es wundert mich daher, dass nicht längst jemand eine Verschwörungstheorie aufgestellt hat, die ungefähr so geht, dass geheime Kräfte Fortschritte in der Forschung jetzt und in der Zukunft verhindern wollen, indem die Forschenden permanent im Drittmittelstress gehalten werden und keine Chance haben, Kinder zu zeugen.

https://www.gew.de/fileadmin/media/publikationen/hv/Hochschule_und_Forschung/Broschueren_und_Ratgeber/WissZeitVG_Ratgeber_A5-2016-04.pdf

Warum werden aus Freunden Verschwörungstheoretiker?

Der Anteil des Youtube-Algorithmus ist natürlich frei und gagaffin gewählt. Aber es ist eben auch kein Zufall, dass mit dem Siegeszug der sozialen Netzwerke weltweit populistische Politiker Wahlen gewinnen und Verschwörungstheorien sich sprunghaft verbreiten. So gilt die geschickte Nutzung der Schwächen von Facebook als einer der Gründe für den Wahlsieg von Donald Trump und WhatsApp bzw. WhatsApp-Kanäle und -Gruppen als das entscheidende Instrument bei der Wahl von Brasiliens Präsident Jair Bolsonaro. Auf Youtube ist in derselben Zeit eine gigantische Filterblase rechter und esoterischer Verschwörungstheoretiker entstanden. Dabei verbreiten die Kanäle die falschen Informationen nicht unbedingt absichtlich, aber entscheidend ist: Sie verbreiten sie, immer wieder und immer noch. Youtube zum Beispiel ist an Screentime interessiert. Screentime generiert Werbeeinnahmen. Und nichts generiert so zuverlässig Screentime wie ein Mensch auf der Suche nach „der Wahrheit". Negative Emotionen lösen viel eher einen Teilen-Klick aus als positive. Daher wäre es geschäftsschädigend von Youtube und Co, Verschwörungstheorien endlich abzuschalten. Zudem wäre es auch teuer, denn wirklich zuverlässig schaffen die Filterung bis heute nur Menschen. Also nimmt man lieber fehleranfällige Algorithmen. Die dann beispielsweise den Brand von Notre-Dame mit 9/11 verknüpfen und so sogar eine eigene Verschwörungstheorie starten. Soziale Netzwerke führen weltweit Menschen mit absurden Ansichten zusammen, die sich gegenseitig wie in einer Echokammer aufschaukeln, bis sie sich in Berlin auf einer Querfrontdemo sammeln. Youtube bzw. Alphabet (der Mutterkonzern, zu dem unter anderem Google gehört) hat währenddessen viel Geld verdient. Daher kann es sein, dass dein Freund, der plötzlich wirre Ansichten verbreitet, vielleicht in einer Zeit, in der es ihm schlecht ging und in der er unsicher oder enttäuscht war, einfach nur falsch geklickt hat. Das alles ist besonders bitter, weil wir eigentlich in einer Zeit leben, in der die meisten seriösen Zeitungen und öffentlichen Informationsradios eine journalistische Qualität haben wie kaum je zuvor. Fakten können eben nie die Emotionen hervorrufen, die künstlich „gepimpte" Fake News hervorrufen. Ich habe einmal ein Video hochgeladen, in dem ich mich über Verschwörungstheorien lustig gemacht habe.

Mein Youtube-Feed war daraufhin wochenlang voll mit Verrückten. Zufall?

https://www.zeit.de/digital/internet/2019-03/youtube-verschwoerungstheorien-videos-alghoritmus

https://taz.de/Verschwoerungstheorien-auf-YouTube/!5540029/

https://www.welt.de/wirtschaft/webwelt/article192033685/Notre-Dame-YouTube-Algorithmus-loest-Verschwoerungstheorien-aus.html

Mindestlohn umgehen „How to"

Zwar sollen solche Werkverträge in der Fleischwirtschaft in Zukunft verboten werden, aber das ist natürlich nur die Spitze des Fleischbergs. Werkverträge sind in fast allen Branchen gang und gäbe und ein beliebtes Mittel, um gesetzliche Vorschriften zu umgehen. Das Problem wird also erst verschwinden, wenn es in allen Branchen angegangen wird. Das bisherige Vorgehen ist dagegen Flickschusterei.

https://www.focus.de/finanzen/karriere/arbeitsrecht/keine-arbeitszeit-angegeben-akkordlohn-wochenlang-unbezahlte-arbeit-die-dreistesten-tricks-mit-denen-chefs-den-mindestlohn-umgehen_id_8387560.html

https://www.ndr.de/ratgeber/verbraucher/Wie-Schlachthoefe-Arbeiter-aus-Osteuropa-ausbeuten,schlachthof510.html

Völlig Banane

Bananen sind direkt nach den Äpfeln der Deutschen zweitliebstes Obst. Im Schnitt isst jeder von uns um die 12 Kilogramm pro Jahr. Der Anteil fair gehandelter Bananen steigt zum Glück Jahr für Jahr, auch da viele Discounter faire Bananen mit in das Angebot aufgenommen haben. Trotzdem ist noch ein weiter Weg zu gehen. Angesichts der auch bei fairem Handel günstigen Endpreise von circa zwei Euro pro Kilo sind die absoluten Kosten für die Verbraucher gering. Faire Bananen stellen also auch für Verbraucher in Deutschland kein Armutsrisiko dar, bekämpfen aber wirkungsvoll die Armut in den Herkunftsländern.

Der etwas günstigere Preis der „unfair" gehandelten Banane basiert auch 2020 auf der Ausbeutung der Arbeitskräfte in den Herkunftsländern. Der weitaus größte Teil der fair gehandelten Bananen ist übrigens gleichzeitig bio und damit fair zu Mensch und Natur. Was die Anteile am Verkaufspreis angeht, habe ich übrigens Großhandel und Einzelhandel zusammengefasst, da bei den großen Lebensmittelketten inzwischen vieles in einer Hand ist, was leider auch für entsprechende Marktmacht gegenüber den Bauern sorgt. Bei den Zahlen gilt: Je länger man sucht, desto mehr abweichende Ergebnisse findet man. Daher habe ich mich bemüht, stimmige Werte zu finden, und zudem nur bei den kleinen Werten Nachkommastellen ergänzt, um keine künstliche Genauigkeit zu suggerieren. Die Links dienen als Anhaltspunkt. Wer googelt, findet im Detail noch deutlich mehr Werte, aber die Größenordnung bleibt stets gleich: Der Löwenanteil des Geldes geht an den Handel und Transport und nur ein mittlerer einstelliger Anteil an die Arbeiterinnen und Arbeiter. Daher: Wer fair kauft, hat die Zahlen auf seiner Seite.

https://www.forum-fairer-handel.de/fileadmin/user_upload/dateien/publikationen/materialien_des_ffh/FFH_Entwicklungen_2019_web.pdf

https://www.oxfam.de/blog/supermarktmacht-preis-zahlen-andere

https://www.deab.de/fileadmin/user_upload/downloads/publikationen/suedzeit/suedzeit_74_sep_2017.pdf

Der „grüne" Punkt

Es gibt vermutlich wenig, was deutscher ist als Mülltrennung, der gelbe Sack und Produkte mit dem Grünen Punkt drauf. Und wenig, was so unübersichtlich ist und so gründlich missverstanden wurde. Denn der Grüne Punkt ist nicht das, was du denkst. Und grün ist er schon gar nicht. Aufgrund der stetigen Zunahme des Mülls hat man 1991 eine Verpackungsverordnung erlassen. Idee dabei: Die Hersteller sind für die Entsorgung der von ihnen in Umlauf gebrachten Verpackungen selbst verantwortlich und sollen möglichst viel recyceln. Also haben Handel und Unternehmen das Duale System Deutschland GmbH (DSD) gegründet. Wer Verpackungen in den Umlauf bringt, muss eine Lizenz für den Grünen Punkt bei DSD erwerben, mit dem Geld wird die Entsorgung bzw. das Recycling bezahlt. Der gelbe Sack oder die gelbe Tonne dienten dazu, den Verpackungsmüll der Verbraucher wieder einzusammeln und der „stofflichen Verwertung" zuzuführen.

Aus der nicht gewinnorientierten GmbH wurde eine gewinnorientierte Aktiengesellschaft und später wieder eine GmbH. Die EU trat auf den Plan und erkannte ein Monopol, das es zu zerschlagen galt, Mitbewerber wurden zugelassen und so ist das Duale System heute ein Anbieter unter vielen. Zudem gibt es seit 2009 keine Kennzeichnungspflicht mehr für den Grünen Punkt – er ist heute eher ein Werbelabel. Im gewerblichen Bereich haben inzwischen viele Firmen eigene Rückholsysteme und diverse Trittbrettfahrer tun so, als ob sie sie hätten, haben sie aber nicht. Sie entsorgen den Müll „kreativ". Der Markt für den Müll ist also so übersichtlich und wohlriechend wie die gelbe Tonne eines Mehrfamilienhauses im Hochsommer. Davon wollen wir aber nichts wissen, weil man sich so gut fühlen kann, wenn man die Verpackungen fein säuberlich im gelben Sack entsorgt.

Und damit kommen wir zum eigentlichen Kern all der gesetzlichen Bemühungen: Eigentlich wollte man mit Kreislaufwirtschaftsgesetz und Co erreichen, dass aus Verpackungsmüll wieder Verpackung wird. Interessanterweise führt die „stoffliche Verwertung" aber bis heute zumeist in die Müllverbrennungsanlage. Besser als nichts, immerhin wird so Strom und Wärme produziert, aber doch nicht im Sinne des Erfinders. Ein anderer Teil der Verpackungen wird im Ausland „recycelt", vieles ist gar nicht erst gelabelt und fällt irgendwo nahe einer Mülldeponie vom Laster, manches ist tatsächlich zu stark verunreinigt und manches wird recycelt, ist aber so durchmischt und minderwertig, dass man damit nur noch diese bescheuerten Plastikbänke oder Spielplatzgeräte bauen kann, die Holz ersetzen und so Mikroplastik in die Welt tragen. Viele Verpackungen auf denen „recycelt" steht, sind auch recycelt, aber aus sortenreinen Industrierestprodukten und nicht aus Hausmüll. Die echte Recyclingquote ist daher bis heute gering und das ganze System der Deutschen ein schönes Ökofeigenblatt. Daher merke: Recycling findet bis heute nur bei DSDS statt, aber nicht wirklich bei DSD. Folgend eine kleine Linkauswahl:

https://www.nabu.de/umwelt-und-ressourcen/abfall-und-recycling/recycling/21113.html

https://www.fr.de/wirtschaft/gruener-punkt-kollaps-11229797.html

https://www.wiwo.de/unternehmen/dienstleister/gruener-punkt-in-der-kritik-geschoente-quoten/8664468-3.html

https://de.wikipedia.org/wiki/Duales_System_Deutschland

https://de.wikipedia.org/wiki/Verpackungsverordnung_(Deutschland)

https://www.handelsblatt.com/unternehmen/handel-konsumgueter/verpackungsmuell-warum-das-gruene-punkt-system-so-undurchschaubar-ist/23927940.html

Die extreme Mitte

Die Grafik ist entstanden, weil ich immer mehr das Gefühl hatte, dass bestimmte politische Positionen nicht vertreten werden. Obwohl diese Positionen, logisch hergeleitet, völlig selbstverständlich scheinen, werden sie in der Öffentlichkeit als extrem gebrandmarkt. Entstanden ist dies aus dem Missverständnis heraus, dass es zu allem zwei gegensätzliche Meinungen geben müsste. Dies stimmt vielleicht für einige geisteswissenschaftliche Problemstellungen, aber eben nicht für naturwissenschaftliche Gegebenheiten. Man kann mit den Gesetzen von Physik und Mathematik sowie der Ökologie nicht diskutieren. Der Klimawandel existiert und verlangt sofortige Gegenmaßnahmen, die Kapazität der Erde ist begrenzt und bei einem Fortschreiten von Digitalisierung und Automatisierung steht die menschliche Denk- und Arbeitskraft dazu in immer härterer Konkurrenz. Ich habe die Positionen der Parteien mit dem meist verwässerten tatsächlichen Regierungshandeln verschnitten und eine Positionierung nach bestem Wissen und Gewissen vorgenommen. Im Ergebnis zeigt sich: Die Mitte ist ziemlich extrem. Das Vorgehen ist nicht als absolut zu betrachten, sondern als Denkanstoß zu sehen. Denn manchmal ist die Welt sehr, sehr einfach und es gibt nur eine richtige Antwort, was die Politik dann auch so abbilden sollte.

Die Bahn kommt (1)

Es ist klingt verrückt, aber die größte Ausdehnung des deutschen Eisenbahnnetzes war tatsächlich 1913 mit 63.377 km erreicht. Seitdem ging es stetig bergab. Obwohl die Eisenbahn das vermutlich ökologischste und effizienteste Massentransportmittel darstellt und Politiker aller Parteien stets beteuern, dass sie die Bahn ausbauen wollen, wurde in Deutschland Strecke um Strecke stillgelegt. Seit vielen Jahren wird keine Mühe und keine Milliarde gescheut, um Pkws und Lkws zu elektrifizieren – während mit der Bahn ein ökologisches Verkehrsmittel bereitsteht, das 2019 zu 61 Prozent elektrifiziert war und zügig und kostengünstig auf 100 Prozent gebracht werden könnte. Es ist übrigens egal, wie sehr man einen Lkw-Motor optimiert, ein Gummireifen wird immer einen circa zehnmal so hohen Rollwiderstand haben wie ein Eisenbahnrad auf einer Schiene.

Besonders schädlich war übrigens die Phase unter Mehdorn, in der versucht wurde, die Bahn für die – später zum Glück verhinderte – Privatisierung kosteneffizienter zu machen. Indem man im ganzen Land Tausende Ausweichstrecken und Weichen rausriss, verringerte man kaum die Kosten, aber erhöhte mit dem Rationalisierungswahn auf Jahrzehnte die Verspätungen. Wenn entgegenkommende und nachfolgende Züge nicht ausweichen können, weil es keine Weiche oder Umleitungsstrecke mehr gibt, führt jede Verspätung zu einer ganzen Kaskade an Folgeverspätungen im Netz. Das Ergebnis kann man heute an jedem Bahnhof betrachten. „Der ICE kommt heute 30 Minuten später und wird in Hannover ausgesetzt" ist häufig eine Folge der Politik von vor 20 Jahren. Mehdorn wurde erst nach 10 Jahren endlich abgesetzt, aber durfte danach unter anderem noch als „erfolgreicher Manager" am Berliner Flughafen weiterrationalisieren. Muss man mehr sagen? Außer vielleicht: Die Zeit des langsamen Niedergangs der Bahn muss endlich vorbei sein, es wird Zeit, dass die Politik zu ihren Sonntagsreden steht und wirklich Geld in die Hand nimmt. Denn bei den Autobahnen klappt es doch wie ne Eins, obwohl der Erfolg da aus Sicht von Ökologie und Klimaschutz ein höchst fragwürdiger ist.

https://de.wikipedia.org/wiki/Geschichte_der_Eisenbahn_in_Deutschland

https://de.wikipedia.org/wiki/Autobahn_%28Deutschland%29#Netzentwicklung

https://www.bmvi.de/SharedDocs/DE/Artikel/StB/entwicklung-der-autobahnen-in-deutschland-seit-der-wiedervereinigung.html

Zusammensetzung der Wälder

Ein paar Worte zur Fichte vorweg: Fichten sind eigentlich Hochgebirgsbäume, die perfekt mit Kälte und Eis klarkommen, aber schlecht mit Hitze. Deutschland war zu Hochzeiten der heimischen Eisenerzgewinnung fast entwaldet. Danach hat man mit der schnellwachsenden und günstigen Fichte großräumig aufgeforstet. Harz, Schwarzwald, Bayerischer Wald und andere Waldgebiete bestünden natürlicherweise fast komplett aus Buchen. Borkenkäferplagen kennt man schon aus dem späten Mittelalter, aber im Zusammenspiel mit dem Klimawandel summieren sich die Stressfaktoren. Die Fichten werden durch Hitze und Trockenheit geschwächt und sind leichte Opfer für die Käfer. Daher ist die Fichte im Flachland und Mittelgebirge im Grunde unrettbar verloren.

Leider sind inzwischen auch ein Großteil der Buchen- und Mischwälder geschädigt, obwohl sie mit Klimaveränderungen deutlich besser klarkommen. Da wir nicht genau wissen, was die Klimazukunft bringt, ist Mischwald trotzdem weiterhin die beste Option. Man hat mehrere Eisen im Feuer und hofft, dass wenigsten zwei bis drei Arten mit dem neuen Klima in 30 bis 50 Jahren klarkommen. Waldumbau von Fichte auf Mischwald geht übrigens nur aktiv, denn obwohl die Altfichten sterben, verdrängen die Jungfichten weiterhin alle anderen Baumarten. Man hat bei einigen Baumarten derzeit die Hoffnung, dass es Genschalter gibt, die bei der Produktion der Samen für die nächste Generation dafür sorgen, dass die Nachkommen Hitze und Trockenheit besser vertragen. So gibt es z. B. in der Ukraine trotz deutlich höherer Temperaturen Rotbuchenwälder.

Wälder schaffen zudem ihr eigenes Klima. Gesunder Mischwald besteht aus grob drei Schichten: große Altbäume, mittelgroße Bäume darunter und Bodendecker, kleine Jungbäume etc. darunter. Er hält damit die Sonne besser fern, die Verdunstung gering und das Wasser im Wald. Nur haben deutsche Wälder derzeit einen viel zu hohen Wildbesatz, der Unterbewuchs und Naturverjüngung verhindert. Obwohl der Holzpreis dank weltweit sterbender Wälder im Keller ist, forstet man weiter und schlägt Lücken. Lücken, in denen schwere Erntemaschinen den Boden verdichten und die Vegetation von der Sonne verbrannt wird.

Statt also mit großem Maschinen- und Geldaufwand weiter unrettbare Fichtenforste zu erhalten oder mit der derzeit gehypten Douglasie die nächste anfällige Monokultur zu schaffen, wäre es klüger, auf Misch- und natürliche Buchenwälder zu setzen, den Wildbesatz stark zu reduzieren und dann die Natur nach Lösungen suchen zu lassen. Das alles bleibt aber komplett sinnlos, wenn wir weiterhin ungebremst CO_2 ausstoßen. Derzeit sind wir im Worst-Case-Szenario. Bei bis zu 5,4 Grad Erwärmung bis 2120 würde auch ein Waldumbau nichts bringen. Wer sehen will, was bereits 1,5 Grad Erwärmung bedeuten, fährt in den Harz, nach Thüringen oder Tschechien und sieht sich die entwaldeten Hänge an. Wer sehen will, wie ein vorausschauender Nationalparkleiter die Fichten (übrigens unter Anfeindungen bis hin zu Morddrohungen) bereits in den 1990ern sterben ließ und so erfolgreich den Wandel eingeleitet hat, fährt in den Bayerischen Wald. Direkt angrenzend übrigens der tschechische Nationalpark Sumava, in dem man zwar teilweise die Fichten sterben ließ, aber nicht aktiv auf Mischwald umbaute und heute daher wieder vor demselben Problem steht.

https://www.faz.net/aktuell/karriere-hochschule/fragen-an-forstwissenschaftler-wie-sieht-der-wald-der-zukunft-aus-16914784.html

https://www.deutschlandfunk.de/rolle-der-jagd-wie-deutschlands-waeldern-zu-helfen-waere.724.de.html?dram:article_id=479920

https://www.klimatopist.de/waldsterben/

https://www.sueddeutsche.de/wissen/nationalpark-umwelt-oekologie-harz-borkenkaefer-wald-1.4486490

Das Märchen vom deutschen Wald

Leider haben wir in Deutschland eine romantisierte Vorstellung vom Wald, die sich in keiner Form mit der Realität deckt. Unser Wald ist ein Wirtschaftsfaktor und selbst in Naturschutzgebieten wird teilweise mit schwerem Gerät geholzt. Einzig in den Kernzonen der Nationalparks kann sich der Wald weitgehend natürlich entwickeln. Dabei macht das Vorgehen finanziell häufig längst keinen Sinn mehr. Wälder sind weltweit gefährdet, der Holzpreis im Keller, die schweren Maschinen teuer und bodenzerstörend. Meist wäre es klüger, auf Qualität zu setzen, indem man nur ab und an einen teuren, gut gewachsenen Baum herausnimmt und ansonsten die Ökologie und die Erholungsfunktion in den Vordergrund stellt. Aber wir machen uns halt lieber unnütz Arbeit, statt die Natur arbeiten zu lassen. Übrigens ist naturbelassener Wald nicht mit Urwald zu verwechseln. Den gibt es in Deutschland leider faktisch nicht. Wer mal einen Märchenwald sehen will, fährt zum Urwald Sababurg in Hessen, am besten unter der Woche. Der ist zwar auch kein echter Urwald, aber trotzdem eindrucksvoll.

https://www.nationalgeographic.de/umwelt/2018/03/10-fakten-zum-deutschen-wald

Insektensterben

Angeblich hat Einstein gesagt: „Wenn die Biene einmal von der Erde verschwindet, hat der Mensch nur noch vier Jahre zu leben." Es gibt von Einstein zu ziemlich jedem Thema ein Zitat, viele wurden ihm aber nur zugeordnet, um dem Gedanken hinter dem Zitat einen Autoritätsnachweis zu geben. So ist es auch in diesem Fall. Der Zusammenhang mit Einstein ist wohl frei erfunden, die Gefahr ist es nicht. Auch wenn Bienen natürlich nicht die einzigen Bestäuber sind, sind Insekten für das Leben auf der Erde unabdingbar. Ohne Insekten keine Bestäubung, keine Umwandlung von toten Pflanzen in Humus und neues Pflanzenleben, die Folge: ein Zusammenbrechen der Populationen von Vögeln, Reptilien, Amphibien und vielen Säugetierarten.

Insofern ist es wenig überraschend, dass das 2013 von unbezahlten Forschern in Krefeld maßgeblich mitentdeckte Insektensterben parallel zu einem Vogelsterben in etwas geringerem, aber ebenfalls bedrohlichem Ausmaß abläuft. Wie inzwischen durch viele Studien bestätigt, sind die Insektenpopulationen von ca. 1990 bis heute – also innerhalb von 30 Jahren – um bis zu 80 Prozent eingebrochen. Man sollte diese Zahl einmal auf sich wirken lassen: 80 Prozent.

Natürlich begann sofort die Relativierung und die Kritik an den ehrenamtlichen „Forschungsamateuren". Chemiekonzerne, Landwirtschaftsindustrie und Teile der Politik kritisierten Methodik und Vorgehen. Nur ermittelten dann Forscher der Universität Göttingen und andere Forschungsgruppen weltweit Rückgänge in ähnlichen Größenordnungen von 40 bis um die 70 Prozent und mehr. Die ehrenamtlichen Forscher lagen also durchaus richtig. Die verdächtigten Verursacher des Rückgangs sind übrigens alte Bekannte: Zerstückelung der Landschaft, Monokulturen, Überdüngung durch Stickstoffeintragung (meist über die Luft), Klimawandel und der Pestizideinsatz. Aber es stellt sich doch die Frage, warum der Rückgang in den letzten Jahren so enorm ist. Viele Parameter, wie z. B. die Zerstörung von Hecken, Knicks und Rückzugsgebieten, hatten sich bereits im Zuge der Flurbereinigung vorher verschlechtert und auch der Pestizideinsatz war in den 1970ern und 1980ern schon hoch.

Besonders im Fokus steht in diesem Zusammenhang die Wirkstoffgruppe der Neonicotinoide (kurz Neonics). Diese wurden erst in den 1980ern vermarktet, kamen also ziemlich genau dann großräumig zum Einsatz, als das große Sterben begann. Es ist zudem bewiesen, dass sie hochgradig bienengefährlich sind. So kam es 2008 zu einem Bienensterben im Oberrheingraben, bei dem 11.000 Völker starben. Bewiesenermaßen ausgelöst durch die Beizung von Saatgut mit Clothianidin, einem Neonic. Aber die Neonics machen nicht bei den Bienen halt, inzwischen ist bewiesen, dass sie neben Insekten auch direkt auf Vögel wirken. Neonics sind einfach gesagt: Nikotin. Und was bereits auf 80 Kilogramm Mensch stark wirkt, wirkt selbst in viel geringeren Dosen auf 0,1 Gramm Biene oder 16 Gramm Rotkehlchen entsprechend stärker bis tödlich. Nikotin ist ein Nervengift und genau derselbe Effekt, den man bei Rauchern beobachtet, kommt auch bei Vögeln zum Tragen. Wer mit dem Rauchen aufhört, nimmt häufig zu, weil Nikotin den Appetit drosselt. Bei Vögeln reichen selbst geringste Mengen Nikotin, um ihren Appetit so weit zu zügeln, dass sie selbst bei gutem Nahrungsangebot verhungern. Dieser Zusammenhang wurden 2014 von niederländischen Forschern bewiesen.

Wenn man jetzt noch erfährt, dass die Bestandsrückgänge bei Insekten und Vögeln in allen offenen, landwirtschaftsnahen Biotopen besonders hoch waren und einzig in Wäldern geringer – obwohl diese auch vom Klimawandel betroffen sind –, beginnt sich ein Bild zusammenzusetzen. Die Rückgänge wurden auch in Naturschutzgebieten gemessen, die ja qua Definition in den letzten Jahrzehnten geschützt waren und nicht gerodet oder in Monokulturen umgewandelt wurden. Naturschutzgebiete in Deutschland sind aber häufig recht kleinräumig. Ein Insektizid, das verweht wurde, kann also leicht vom Feld nebenan eingetragen werden. Waldökosysteme haben hingegen geringere Windeinträge, weil sie geschlossener und häufig größer sind, sowie geringeren Pestizideinsatz.

Die EU und Deutschland sowie die großen Insektizidkonzerne auf der anderen Seite leisten sich seit dem Bienensterben im Oberrheingraben ein Hase-und-Igel-Spiel. Die Behörden verbieten einige Neonics, die bewiesenermaßen Insekten gefährden, die Industrie hat bereits neue entwickelt und die Bauernlobby sorgt dafür, dass diese zum Einsatz kommen, weil, kurz gesagt, nichts so schön knallt wie Neonics. Diese sind für den Menschen harmlos, anwenderfreundlich, günstig und für die Insektenwelt absolut tödlich – also das perfekte Insektizid. Nur sind sie vielleicht etwas zu tödlich. Für die Insekten, die Vögel und die Biodiversität. Übrigens macht die Industrie passenderweise genau das, was die großen Tabakkonzerne in den 1960ern gemacht haben, als sich immer stärker zeigte, wie gefährlich Zigaretten sind: Sie machen eine bezahlte Studie nach der anderen, bei denen herauskommt, dass Neonics angeblich ungefährlich sind. Der Trick daran: Für die Politik maßgeblich sind häufig große Metastudien, die über alle gemachten Studien einen Mittelwert bilden. Macht man genug Studien, kann man diese Werte entsprechend verwässern und weiter Geld mit dem Tod verdienen.

Kurz zusammengefasst: Insekten- und Vogelsterben sind natürlich ein multifaktorielles Problem, aber es gibt starke Hinweise, dass Insektizide – insbesondere Neonics – einer der Hauptfaktoren sind. Übrigens kann jeder das Insektensterben an seiner Windschutzscheibe beobachten. Wer früher im Sommer unterwegs war, musste danach häufig die Scheibe putzen. Heute ist das nur noch selten nötig. Und nein, das liegt nicht ausschließlich an der besseren Aerodynamik heutiger Autos. Ich fahre ab und an für Urlaubstouren einen Bulli vom Ende der 1980er (der übrigens nicht mehr verbraucht als moderne Bullis, nur gemütlicher fährt), und als ich einmal über den Balkan fuhr, habe ich verstanden, wie viel sich verändert hat, weil ich plötzlich alle hundert Kilometer die Scheibe putzen musste.

https://de.wikipedia.org/wiki/Insektensterben

https://de.wikipedia.org/wiki/Neonicotinoide#Bienensterben_im_Oberrheingraben_2008

https://www.zeit.de/wissen/umwelt/2014-07/insektizid-neonicotinoide-voegel

https://www.sueddeutsche.de/wissen/hummeln-insektensterben-klimawandel-1.4788281?reduced=true

https://www.deutschlandfunk.de/insektensterben-unsere-landschaft-wurde-total-vergiftet.697.de.html?dram:article_id=447975

https://www.sueddeutsche.de/wissen/insektensterben-naturschutz-schmetterlinge-1.4383585?reduced=true

https://www.spiegel.de/wissenschaft/natur/insektensterben-zahl-und-vielfalt-der-arten-in-deutschland-schwinden-a-1294038.html

Der Markt regelt das!

Es ist vielleicht das häufigste Missverständnis am Kapitalismus: dass der Markt irgendeine Form von künstlicher, fast gottgleicher Intelligenz besitzt und völlig ohne Zutun des Staates dafür sorgt, dass sich alles regelt und beispielsweise gefährliche oder schädliche Produkte von alleine verschwinden. Dieser Glaube erscheint bis heute erstaunlich unbeschädigt, obwohl gefährliche Stoffe und Handlungen so gut wie nie von allein verschwunden sind. Sie wurden bis auf kleine Ausnahmen schlicht vom Staat verboten. Häufig geschah dies aufgrund des Lobbyismus der Industrie viel zu spät. Ein besonders eindrucksvolles Beispiel ist der gefährliche Baustoff Asbest. Bereits um 1900 wurde die Asbestose entdeckt, also die durch Asbest ausgelöste Lungenkrankheit, die häufig zu Lungenkrebs führt. 1943 wurde sie als Berufskrankheit anerkannt. Trotzdem nutzte man in der Folge Asbest fast überall weiter, weil es so ein praktisches, günstiges und feuerfestes Material war. Bis hin zur Reifenherstellung, was wegen des Abriebs und des Wissens um die Gefährlichkeit schlicht als Wahnsinn zu bezeichnen ist.

1970 wurde Asbest offiziell als krebserregend eingestuft, doch ein komplettes Verbot erfolgte erst 1993. Grund für diese erfolgreiche Verzögerung: Lobbyismus. So hat beispielsweise der Schweizer Verein Arbeitskreis Asbest durch engagierte Interessenvertretung im Namen der Zementindustrie die Gift-Klassifizierung von Asbest in der Schweiz um neun Jahre verzögert.

Wir kämpfen bis heute mit den Folgen dieses erstaunliche 93 Jahre zu spät erfolgten Verbotes. Immer noch ist Asbest unter anderem in Abertausenden Dächern verbaut und entstehen durch verbautes Asbest horrende Sanierungskosten. Vor allem sterben bis heute allein in Deutschland Jahr für Jahr mehr als 1600 Menschen an den Spätfolgen, bei unbekannter Dunkelziffer. Die deutsche Wirtschaft übrigens hat sich von allen in der Grafik genannten Verboten schnell erholt, obwohl sie vorher gerne den Untergang an die Wand gemalt hat. Man sollte daher bei heutigen Verbotsdebatten immer bedenken: Große Fortschritte in unserer heutigen Lebensqualität und Lebensdauer wurden nicht nur durch mutige Innovationen, sondern mindestens genauso durch mutige Verbote erreicht. Und der Markt wird es nicht für uns regeln, denn dem Markt ist der Mensch egal.

https://de.wikipedia.org/wiki/Asbest

https://www.sueddeutsche.de/wirtschaft/lebensgefahr-asbest-das-ist-eine-immense-tragoedie-1.354934

https://de.wikipedia.org/wiki/Dichlordiphenyltrichlorethan

https://de.wikipedia.org/wiki/Heroin

https://de.wikipedia.org/wiki/Fetales_Tabaksyndrom

https://de.wikipedia.org/wiki/Kindersitz#Deutschland

https://de.wikipedia.org/wiki/Sicherheitsgurt#1980_und_1990er_Jahre

https://de.wikipedia.org/wiki/Promillegrenze

https://www.deutschlandfunk.de/asbest-ein-gefaehrlicher-stoff-mit-langzeitfolgen.709.de.html?dram:article_id=89073

https://de.wikipedia.org/wiki/Asbestose

https://www.umweltbundesamt.de/themen/gesundheit/umwelteinfluesse-auf-den-menschen/chemische-stoffe/asbest#welche-produkte-und-baustoffe-konnen-asbest-enthalten-und-welche-sind-besonders-problematisch

Wasserbedarf bei der Weinherstellung

Wein ist tatsächlich eines der Lebensmittel, deren Erzeugung vergleichsweise viel Wasser benötigt. Denn leider ist Jesus nicht bei jedem Abendmahl vor Ort.

Wichtig ist, es handelt sich dabei um „virtuelles Wasser". Das ist das komplette Wasser, das im Prozess der Herstellung benötigt wird. Wasser, das die Pflanze braucht, und Wasser, das z. B. bei der Herstellung der Weinflaschen oder der Reinigung der Fässer verbraucht wird. Aber: Wasser ist nicht gleich Wasser. Entscheidend ist, ob bewässert wird und ob das Wasser beim Prozess verschmutzt wird oder letztlich in großen Teilen unbelastet versickert und wieder in den natürlichen Kreislauf geht. Wer das Wasser schonen will, kauft daher Biowein. Der ist kaum teurer als normaler Wein und es gibt ihn inzwischen in hervorragender Qualität. Normaler Weinanbau ist leider mit sehr viel Pestizideinsatz verbunden. Biowein geht gut mit euch und dem Wasser um.

Bei den Links immer in Gedanken halten: Virtuelles Wasser ist ein aus guten Gründen umkämpftes Konzept, denn wie oben erwähnt ist z. B. nur bei der Reinigung von Weinflaschen und Fässern verbrauchtes Wasser tatsächlich im eigentlichen Sinne verbraucht, während das Regenwasser von der Pflanze größtenteils direkt wieder verdunstet wird und damit eigentlich im Kreislauf bleibt. Ich würde daher die teilweise riesigen Zahlen immer mit Vorsicht betrachten.

https://www.lebensmittellexikon.de/v0001020.php

https://www.waterfootprint.org/en/resources/interactive-tools/personal-water-footprint-calculator/

https://de.wikipedia.org/wiki/Virtuelles_Wasser

Plötzlich ergrünt

1995 wollte Shell die ausgediente Ölplattform Brent Spar im Atlantik versenken. Sie hatten nicht mit dem Proteststurm gerechnet, der getrieben durch Greenpeace (und leider auch durch eine von der Umweltorganisation verbreitete falsche Zahl über die Restmenge an Öl und Giften) zu weltweiten Boykotten führte. Der Rest ist Geschichte: Shell musste am Ende klein beigeben, demontierte die Ölplattform an Land und versprach ein anderer, besserer und grünerer Konzern zu werden. Unter anderem investierte man in erneuerbare Energien, insbesondere die Solarenergie. Heute, rund 25 Jahre später, zeigt sich, dass das neue Image von Shell nichts als Greenwashing war. Noch immer macht Shell gigantische Gewinne mit der Erdölforderung und lässt sich nicht von Umweltschutzbedenken davon abhalten, in der Arktis zu bohren. Auch Menschenrechts- und Umweltschutzbedenken hindern den Ölriesen nicht daran, im Nigerdelta zu fördern, es großräumig zu verschmutzen, die halbe Regierung Nigerias zu schmieren und das Verschwinden von Umweltschutzaktivisten in Kauf zu nehmen. Daneben ist Shell mit 31,95 Milliarden Tonnen CO_2-Äquivalent seit 1965 das Unternehmen mit dem weltweit siebtgrößten CO_2-Ausstoß. Und das Solargeschäft? Nun, der größte Teil davon wurde 2006 an die Solarworld AG verkauft. Shell hatte also nie „verstanden" – sie gaben immer nur vor, zu verstehen, und sind bis heute ein ganz gewöhnlicher und dreckiger Erdölkonzern geblieben, bei dem das grüne Deckmäntelchen nur ein Feigenblatt war.

Die Brent Spar zu versenken wäre übrigens bezogen auf die Firmenbilanz von Shell im Umweltbereich eine absolut zu vernachlässigende Aktion gewesen – es war ein Symbolkampf, dessen Folgen Shell auf lange Sicht vielleicht sogar geholfen haben dürften. Aber es konnten sich alle gut fühlen, etwas erreicht zu haben, indem sie eine Zeit lang mal woanders tankten und ansonsten am klima- und umweltzerstörenden Verhalten nichts änderten.

https://de.wikipedia.org/wiki/Royal_Dutch_Shell#Unternehmensgeschichte

https://www.desmog.co.uk/2018/04/11/how-shell-greenwashed-its-image-internal-documents-warned-fossil-fuels-contribution-climate-change

https://www.theguardian.com/commentisfree/2019/jun/26/shell-not-green-saviour-death-machine-greenwash-oil-gas https://www.geo.de/natur/oekologie/1036-rtkl-oelindustrie-der-nordsee-brent-spar-und-die-folgen

http://news.bbc.co.uk/2/hi/africa/8090493.stm

https://jacobinmag.com/2019/11/ken-saro-wiwa-nigeria-environment-oil-companies-ogoni/

Was Deutschland kann

Es ist ja ein sehr deutsches Phänomen: Irgendein Beamter findet Autobahnpläne aus den 1960ern oder 1970ern in der Schublade, geht damit zum Chef und ein paar Jahre später wird gebaut. Es scheint dabei völlig egal zu sein, wie die Umweltprüfung ausgeht, ob es Protest gibt, wie sich die Wirtschaftlichkeit darstellt, ob es überhaupt Bedarf gibt: Die Autobahn wird gebaut. Autobahnen auf dem Land werden damit beworben, dass sie Verkehr und Arbeitsplätze heranführen. Autobahnen in der Stadt dagegen sollen Arbeitsplätze erhalten und Verkehr vorbeileiten. Beides ist längst widerlegt. Auf dem Land verlagern Autobahnen nur Arbeitsplätze. Deutschland ist längst eine durchgehende Autobahn voller Logistikzentren. Alles, was passiert, wenn man eine neue Autobahn baut, ist, dass manche der Speditionen und Logistikzentren sich einen neuen Ort suchen, der noch verkehrsgünstiger gelegen ist und mehr Fördermittel zahlt. Der Transport auf der Schiene nimmt dadurch weiter ab. In der Stadt oder in Stadtnähe wiederum macht jede Autobahn es noch komfortabler, Auto zu fahren. Also führt der Bau dazu, dass noch mehr Verkehrsteilnehmer Auto fahren. Dass sich noch mehr Leute ein Haus im ehemals Grünen kaufen und täglich pendeln. Dass noch mehr Stadtbewohner mal eben mit dem Auto ins ehemals Grüne fahren.

Aber der bekannte Fakt, dass Verkehr den Wegen folgt und mehr Wege für mehr Verkehr sorgen, weil Menschen nicht in Entfernung, sondern in Wegzeit rechnen, scheint bis heute unerheblich. Während am anderen Ende die desaströsen Folgen für Klima und Natur wohlbekannt sind, aber unter „Verschiedenes" wegsortiert werden, während Biotope unwiederbringlich zerschnitten und falsche Verkehrspolitik auf Jahrzehnte zementiert wird. Beton ist einfach härter als Natur. Natur kann keine Bürgerinitiative gründen. Natur kann keine Politiker mit Aufsichtsratsposten belohnen. Nur bei Radwegen plant die Politik plötzlich andersherum. Hier soll erst der klimafreundliche Radverkehr auf völlig unzureichenden Wegen ansteigen, damit dann viel zu spät und halbherzig auch die Infrastruktur ertüchtigt wird. Und so holpert man im reichen Deutschland mit dem Rad von Bordstein zu Bordstein und von Wurzel zu Wurzel, während nebenan ein Autobahnabschnitt für rund 100 Millionen Euro pro Kilometer ausgebaut wird. Und ja, das ist ein realer Preis. Es gibt Autobahnen „bereits" ab 10 Millionen pro Kilometer. Aber das Netz ist mittlerweile so dicht, dass neue Abschnitte immer teurer werden, weil Besiedelung oder empfindliche Ökosysteme kompliziert umgangen oder aufwendig durchquert werden müssen.

Dabei ist längst klar: Wer Straßen sät, wird Verkehr ernten. Wer Radwege baut, wird dagegen umwelt- und klimafreundliche sowie gesundheitlich förderliche Fortbewegung ernten. Es ist so einfach. Nur wer erklärt jetzt endlich mal den deutschen Behörden und der deutschen Politik, was in der Wissenschaft längst Konsens ist? Was aus diesen Zusammenhängen folgt, ist: Stau bekämpft man nicht mit neuen Straßen oder Spuren – sondern mit Radwegen, dem Ausbau des ÖPNV und indem man Autoverkehr ungemütlicher und teurer macht. Der Effekt von neuen Straßen und zusätzlichen Spuren verpufft dagegen zuverlässig und wissenschaftlich bewiesen innerhalb weniger Jahre. Aber Beton und Asphalt sind offensichtlich nicht nur härter als Natur, sondern auch härter als Logik.

https://www.spiegel.de/wirtschaft/soziales/bundesregierung-plant-teuersten-autobahnabschnitt-aller-zeiten-a-1087460.html

https://www.wiwo.de/politik/deutschland/stau-mythen-mehr-strassen-produzieren-auch-mehr-verkehr/25381156-2.html

https://www.bund.net/themen/mobilitaet/infrastruktur/

https://www.handelsblatt.com/politik/konjunktur/oekonomie/wissenswert/verkehrsoekonomen-warum-strassenbau-kein-mittel-gegen-staus-ist/3279058.html

https://www.researchgate.net/publication/315534829_Closing_the_Induced_Vehicle_Travel_Gap_Between_Research_and_Practice

https://www.nber.org/papers/w15376

Bastelanleitung Bildungswürfel

Zu diesem Thema braucht es nicht mehr viele Worte. Taten oder besser politische Anstrengungen würden völlig ausreichen. Denn laut „Bildungstrichter" gilt: Von 100 Kindern aus Nichtakademikerfamilien beginnen nur 27 ein Studium. Bei den Kindern von Akademikern sind es dagegen fast 80 von 100. Die Bildungswürfel sind also gezinkt: Akademikerkinder haben eine dreimal so hohe Chance auf ein Studium. Bei Kindern mit Migrationshintergrund ist dieser Unterschied sogar noch ausgeprägter. Dieses Problem ist seit Jahrzehnten bekannt. Obwohl die Politik stets beteuert, alles für eine Verbesserung zu tun, hat sich die Situation seit 1995 noch einmal deutlich verschlechtert. Heute ist der Anteil an studierenden Nichtakademikerkindern deutlich niedriger als noch in Nachwendezeiten. Eine Gegenmaßnahme wäre übrigens, neben einer weiteren Erhöhung des BAföG, zum Beispiel der Ausbau der berufsbegleitenden Schulen, denn in diesen ist der Anteil der Nichtakademikerkinder deutlich erhöht.

Aber bis die Politik endlich wirksame Gegenmaßnahmen ergreift, bleibt das Bildungswürfeln ein unfaires Spiel.

https://www.spiegel.de/lebenundlernen/uni/bildung-in-deutschland-arbeiterkinder-studieren-seltener-als-akademikerkinder-a-1206959.html

https://www.welt.de/politik/deutschland/article165975301/Akademikerkinder-dominieren-mehr-denn-je-die-Universitaeten.html

https://www.datenportal.bmbf.de/portal/de/grafik-2.3.31.pdf

https://www.unicum.de/de/studentenleben/geld-finanzen/bafoeg-erhoehung-2019

Monopoly 2020

Es ist interessant, dass wir im realen Leben Situationen akzeptieren, die wir im Spiel oder beim Sport als hochgradig ungerecht beurteilen und niemals dulden würden. Denn auch in Deutschland wird längst der Großteil des Vermögens vererbt. Die soziale Durchlässigkeit hat enorm abgenommen. Man wird nur in Ausnahmefällen reich durch Arbeit oder Talent (und wenn, meist nur mit Burn-out), man wird reich durch Reichtum. Das Faszinierende an der Situation: Es macht niemanden glücklich. Es ist nachgewiesen, dass Glück nur bis zu einem gewissen Einkommen steigt und ab da sogar wieder abnimmt. Das ist auch komplett logisch, wenn man das Leben als Spiel betrachtet. Wo liegt der Reiz, wenn man, reich geboren, das Spiel schon vor der Geburt gewonnen hat? Oder als Armer sowieso keine Gewinnchancen hat? Zudem spaltet eine zu ungleichmäßige Verteilung des Reichtums Gesellschaften und macht sie unfrei. Wenn Menschen nur noch überleben wollen und nichts zu verlieren haben, töten und rauben sie irgendwann für eine Kleinigkeit zu essen und die Reichen müssen sich verschanzen, wie bereits an vielen Orten in Südamerika zu beobachten ist.

Das Verrückte daran: Wir wussten das alles schon mal. Es gab einmal die Idee der sozialen Marktwirtschaft. Wirtschaftlicher Aufschwung, von dem alle profitieren. Die Idee war nicht perfekt, aber ein guter Anfang. Mitentworfen von der CDU, die heute jeden als Sozialisten schmäht, der dahin zurückwill, weil sie nicht gemerkt hat, wie aus sozialer Marktwirtschaft klammheimlich freier Raubtierkapitalismus nach amerikanischem Vorbild geworden ist und der „freie Markt" zur Gottheit wurde, die alles auf magische Weise lösen soll. Die CDU-Führung von heute würde die CDU von damals als „rote Socken" in der *Bild* schmähen.

Aber der „freie Markt" hat kein Ziel, keine Moral, kein Mitgefühl. „Freier Markt" hat nur Profitmaximierung als Ziel. Ohne politische Steuerung wird er zum unfreien Markt, weil sich Kartelle und Monopole bilden. Dies kann man unter anderem bei den großen Digitalkonzernen wie Amazon und Facebook beobachten. Wir müssen zurück zum Primat der demokratischen Politik. Nur Politik als mittelbarer Wille aller Bürger kann faire Chancen für alle gewährleisten. Nur in demokratischen Wahlen haben alle eine Stimme und nicht Jeff Bezos 200 Milliarden und wir minus 500. Wir brauchen dringend ein Reboot der sozialen Marktwirtschaft als sozial-ökologische Marktwirtschaft. Weil auch der Planet Grenzen hat, die wir endlich berücksichtigen müssen.

Denn ganz ehrlich: Im Film machen sich Dystopien ästhetisch sehr eindrucksvoll, aber real finde ich Utopien doch anziehender. Natürlich werden Utopien nie ganz Wirklichkeit, helfen aber wenigstens, das Schlimmste zu verhindern. In der Steinzeit waren wir schon und ich will dahin nicht zurück, nur weil einige denken, ihnen sollte alles gehören und wir müssen nicht auf die Kapazität des Planeten achten. Wer keine Visionen hat, sollte zum Arzt gehen. Und zwar dringend. Denn wir brauchen Visionen für eine gerechtere Gesellschaft und die würden bei einer gründlichen Reform des Erbschaftsrechts beginnen. Denn Jahr für Jahr werden allein in Deutschland bis zu 400 Milliarden vererbt.

Wie weit die Schere in den letzten Jahrzehnten in Deutschland aufgegangen ist, zeigt der Gini-Koeffizient, der ein Maß für die Ungleichheit darstellt. Mit einem Gini-Koeffizienten von 0,816 ist die Vermögensverteilung von Deutschland inzwischen vergleichbar mit Saudi-Arabien (0,81) und Haiti (0,82). Denn auch das ist Teil der Wahrheit: Deutschland belegt bei der Vermögensverteilung einen beschämenden 110. Platz von 131 erfassten Ländern.

https://de.wikipedia.org/wiki/Verm%C3%B6gensverteilung_in_Deutschland

https://www.zeit.de/wirtschaft/2020-07/vermoegensverteilung-deutschland-diw-studie-ungleichheit

https://www.zeit.de/wirtschaft/2017-07/vermoegen-vererben-diw-steigt-erben-erbrecht

Wie nachhaltig Deutschland ist

2017 summierten sich die Ausgaben für Umweltschutz von Bund, Unternehmen und privaten Haushalten auf 70,4 Milliarden. Das wirkt so lange eindrucksvoll, bis man es in Relation zu dem größtenteils umweltschädigend erreichten Bruttosozialprodukt von 3657 Milliarden im selben Jahr setzt. Die traurige Realität ist, dass letztlich nur 2 Prozent der Wirtschaftsleistung dafür eingesetzt werden, die Schäden aus der nicht nachhaltigen Wirtschaftskraft Deutschlands oberflächlich zu beheben. Die Sozialausgaben dagegen summieren sich immerhin fast auf eine Billion. Die Nachhaltigkeit steht in Deutschland also auch 2020 nur auf zwei Säulen, die tragfähig genug sind, während die Ökologie als dritte Säule vernachlässig wird. Im derzeitigen Regierungshandeln ist zudem keine Änderung absehbar. Ohne einen gesunden Planeten wird unsere Zivilisation auf Dauer nicht überleben können, das zeigt sich deutlich beim Klimawandel. Und mit dem Planeten geraten auch Wirtschaft und Soziales in Schieflage, bis das ganze Gebäude in sich zusammenfällt. Die Konsequenzen des Klimawandels zeigen sich längst in Waldsterben und Dürren, Hitzewellen und Starkregenereignisse verursachen Milliardenschäden. Die Folgekosten unseres derzeitigen Wirtschaftens für heutige und folgende Generationen sind absehbar gigantisch und es gilt längst: It's the economy that's stupid!

So sehr wir auch an Details Symptombehandlung betreiben, Abwässer und Abgase reinigen und versuchen, uns mit Ablasshandel ein gutes Gewissen zu verschaffen: Ein System, das auf Raubbau an der Natur und ewigem Wachstum basiert, ist auf Dauer nicht tragfähig. Die Zeit für Symptombehandlung ist längst vorbei, wir brauchen ein neues sozial-ökologisches Haus und zwar besser heute als morgen.

https://www.bmas.de/SharedDocs/Downloads/DE/PDF-Publikationen/a230-17-sozialbudget-2017.pdf;jsessionid=EFEF0BCC547EF86CD54A0DC2BCA74B60.delivery1-master?__blob=publicationFile&v=1

https://www.destatis.de/DE/Themen/Gesellschaft-Umwelt/Umwelt/Umweltschutzmassnahmen/_inhalt.html

Schottergärten

Als die Nachricht sich verbreitete, dass Baden-Württemberg Schottergärten endlich verboten hat, wogte eine Welle der Zustimmung durch das Netz. Das Verbot schien überfällig. Was dabei nicht mitgeteilt wurde: Es war gar kein neues Verbot, sondern nur eine Konkretisierung schon länger bestehender Regelungen. Denn eigentlich haben alle Bundesländer und viele Kommunen und Gemeinden in Gemeindeordnungen, Bauordnungen und Bebauungsplänen Schottergärten verboten. Nur werden diese bestehenden Regelungen schlicht nicht regelmäßig durchgesetzt. Da die Verbote meist in den Untiefen der Bauordnung gut versteckt und partiell unkonkret sind, ist eine Herausstellung und Ergänzung, wie gerade in Baden-Württemberg geschehen, trotzdem begrüßenswert. Noch begrüßenswerter wäre allerdings, wenn die Verbote einfach mal durchgesetzt würden.

Denn Passagen wie „Die nicht mit Gebäuden oder vergleichbaren baulichen Anlagen überbauten Flächen der bebauten Grundstücke sind 1. wasserdurchlässig zu belassen oder herzustellen und 2. durch Begrünung und Bepflanzung gärtnerisch zu gestalten" in § 9 HBauO „Hamburgische Bauordnung" sind eigentlich eindeutig genug, um seitens des Ordnungsamtes tätig zu werden. Man muss es nur wollen. Weiterhin gibt es in Deutschland aus guten ökologischen und gesundheitlichen Gründen kein Herbizid, das für den Schottergarten oder gepflasterte Flächen zugelassen ist. Auch so ein Fakt, den manche gerne vergessen, wenn sie die Giftspritze aus der Garage holen.

Ich will hier noch einmal kurz zusammentragen, warum Schottergärten so schädlich sind und was für Alternativen es gibt.

Grundwasserzerstörer: Damit nicht sofort Unkraut durchwächst, ist häufig Folie oder hart gestampfter Boden/Lehm/Beton unter dem Schotter. Folge: Regenwasser versickert nicht, sondern fließt direkt in die zunehmend überlasteten Kanalisationen. Statt also vor Ort die im Zuge des Klimawandels schrumpfenden Grundwasserstände und die Bäume zu versorgen, verschwindet das Regenwasser im Kanal und muss von der Stadt häufig genug (bei Mischsystemen) auch noch teuer aufbereitet werden. Damit steigen übrigens auch die Abwassergebühren.

Hitzestau: Schotterflächen verändern das Mikroklima. Gerade im Sommer erhitzen sie sich deutlich stärker als Grünflächen und sorgen so – auch verstärkt durch den Klimawandel – für einen Hitzestau. Da kann es durchaus merkbare Grade heißer sein. Ich wage die Behauptung: Gerade feiert man das noch, in einigen Jahren wird jeder es verfluchen, der das gebaut hat.

Ökodesaster: Schottergärten werden häufig auch noch illegal gespritzt, aber davon abgesehen verrät schon der erste Blick: Hier lebt nichts. Und das ist auch für alle umliegenden Gärten ein Desaster. Bienen und insbesondere Hummeln und Co haben nicht so einen großen Radius, wie man denkt. Da sie einen hohen Energieverbrauch beim Fliegen haben, ist es wichtig, dass sie auf dem Weg zu guten Nektarstellen z. B. im Nachbargarten oder Wald regelmäßige Tankstellen haben. In einem Schottergarten finden sie nichts – insofern können sie ihn häufig nicht überfliegen (vor allem wenn es mehrere Schotterwüsten nebeneinander sind) und es entstehen Inselpopulationen, die irgendwann zusammenbrechen. An den Sommerlinden in vielen Städten findet man inzwischen häufig riesige Mengen toter Hummeln, die dort entkräftet auf der Suche nach irgendetwas zu essen ankommen und dann zu schwach sind, um noch rettenden Nektar zu saugen.

Teuer: Schottergärten sind nicht einmal günstig. Wenn man sieht, was manche da verbauen, weiß man: Der Baumarkt ist reich geworden, damit die Natur arm wurde.

Gar nicht mal so pflegeleicht: Schottergärten wirken kurzfristig pflegeleicht, aber auf lange Sicht steckt viel Arbeit drin, um sie halbwegs „ansehnlich" zu halten. Oder viel Gift. Und Letzteres ist auf Schotterflächen mit gutem Grund verboten, weil die Herbizide nicht von Pflanzen gebunden, sondern vom Regen ausgewaschen und in den Nachbargarten oder die Kanalisation getragen werden.

Alternativen zur Schotterwüste

Ich bin faul: Garten roden, halbwegs plan machen, dann schöne Sandfläche anlegen, zum Sitzen und Genießen rund um die Sandfläche Wildwiese einsäen und jährlich auffrischen. Macht übers Jahr kaum Aufwand, offene Sandflächen sind fantastisch für die Natur, Wasser versickert gut darin und sie sehen trotzdem ordentlich aus, wenn man sie ab und an mit neuem Sand auffrischt. Sehr günstig, und bei einer Wildwiese gibt es immer was zu sehen.

Ich habe Hunger: Obstbäume pflanzen und darunter einfach Rasen bzw. Wiese anlegen und ab und an mähen. Im Herbst gibt es was zu naschen, der Aufwand ist gering und die Natur freut sich trotzdem. Im Sommer kann man im Schatten der Bäume sitzen und Cocktails schlürfen.

Ich will aber Stein: Gut, dann leg einen Steingarten an. Nimm ordentlich Feldsteine (gibts auch im Baumarkt, wenn du shoppen musst, um glücklich zu sein), pflastere damit Wege und eine schöne Sitzecke. Kalkige oder sandige Ecken dazwischen versiehst du mit pflegeleichten Steinpflanzen und Kräutern (Kräuter lieben diesen

Trick). Sieht schön aus, ist schön für die Natur, das Wasser versickert weiterhin und du kannst dich steinreich fühlen.

Ich bin aber wirklich komplett faul: Dann lass deinen Garten doch komplett verwildern und mach auf Wiesenflächen zweimal im Jahr Mahd. Also kurz mal mit dem Fadenmäher drüber. Das ist für die Natur tatsächlich fast die beste Lösung und du hast gar keine Arbeit. Falls du jetzt sagst: „Aber die Optik!", nimm eine der anderen Lösungen oder entdecke, wie unfassbar schön und süchtig machend richtiges Gärtnern sein kann.

Wer jetzt denkt: „Ach, ich kauf mir einen Rasenroboter und außen schön Kirschlorbeer!" Das kannst du leider noch machen. Das ist dann aber eine grüne Wüste. Da lebt fast genauso wenig wie in einem Schottergarten. Ständig geschnittener Plattrasen und Kirschlorbeer sind bis auf vereinzelte Amseln, die von den Früchten profitieren, für Tier- und Pflanzenwelt weitestgehend sinnlos.

https://www.heise.de/tp/features/Schottergaerten-verboten-4865473.html

https://www.bvl.bund.de/DE/Arbeitsbereiche/04_Pflanzenschutzmittel/02_Verbraucher/03_HausKleingarten/psm_HausKleingarten_node.html

https://www.zeit.de/zeit-magazin/leben/2020-08/verbot-schottergaerten-baden-wuerttemberg-initiative-vorgarten-klima-artenschutz

Förderung für den Kauf

Die Autoindustrie in Deutschland kann sich Skandal um Skandal erlauben und bekommt am Ende noch eine Verkaufsprämie vom Staat geschenkt. Die angebliche Systemrelevanz ist offensichtlich als Freifahrtschein zu verstehen. Immerhin hat sich dieses Mal (zumindest bisher) die SPD durchgesetzt und es wurde nur eine Prämie für Elektroautos aufgelegt. Das geht in die richtige Richtung, aber es stellt sich doch die Frage, warum Mobilität in Deutschland immer noch einseitig als Automobilität gedacht wird. Mobilität ist nichts anderes als der Versuch, von A nach B zu kommen. Das geht in der Stadt meist schneller sowie ökologischer, klimaschonender und gesünder mit dem Fahrrad. Übrigens ist die Fahrradindustrie nicht zuletzt durch den Aufstieg der Pedelecs und E-Lastenräder ein nicht zu vernachlässigender Wirtschaftsfaktor in Deutschland. Aber offensichtlich ein immer noch leicht zu übersehender. So summiert sich die „Umweltprämie" für den Kauf von Elektroautos einzelner

Marken (je nach Herstelleranteil) auf bis zu 11.000 Euro (Standardprämie 9000 Euro bei einem Nettolistenpreis des Wagens bis 40.000 Euro). Fahrräder dagegen werden kaum gefördert. So gibt es beispielsweise in Hamburg eine Förderung für E-Lastenräder und Lastenräder. Wobei sich die Frage stellt, auf welchen Wegen diese Lastenräder dann fahren sollen, denn die werden in Hamburg weiter nur schleppend ausgebaut.

Auch wenn neuere Studien belegen, dass Elektroautos vermutlich deutlich klimafreundlicher sind, als frühere Studien behauptet hatten, ist die CO_2-Emission über die Lebenszeit gerechnet immer noch mit einem konventionellen, sparsamen Kleinwagen vergleichbar. Denn auch wenn die Fahrt selbst ohne Ausstoß von CO_2 erfolgt, ist die Produktion von Auto und Batterie energieaufwendig und der verwendete Strom hat trotz stetig steigender Anteile von erneuerbarer Energie im Regelfall immer noch einen ordentlichen CO_2-Rucksack.

Radfahren bleibt daher mit riesigem Abstand die klimafreundlichste individuelle Fortbewegungsart für alle Strecken, die zu Fuß zu weit sind. Dies gilt übrigens auch für Pedelecs. Der Trend, Pedelecs immer mehr im Sport einzusetzen, ist kritisch zu sehen. Wer sein E-Mountainbike mit dem SUV in die Harburger Berge fährt und dort dann bei leichtem Schwitzen die Hügel hochrast, hat ganz sicher nichts für Umwelt und Klima getan, sondern im Gegenteil einen erhöhten Schaden verursacht. Für Langstrecken, z. B. für den Weg zu Arbeit, sind Pedelecs aber natürlich eine sehr klimafreundliche Alternative zum Auto.

Die 20 Gramm CO_2 pro Kilometer beim Radfahren setzen sich übrigens aus der Produktion des Fahrrades und dem erhöhten Kalorienbedarf zusammen. Der Mensch ist als „Maschine" ähnlich ineffizient wie ein Verbrenner und da Radfahrer nicht automatisch Vegetarier oder Veganer sind (die deutlich weniger Emissionen erzeugen), kommt doch eine überraschend hohe Summe zusammen. Dabei sollte man aber im Auge behalten: Wer viel Rad fährt, spart sich den Ausdauersport und so mancher SUV-Fahrer geht abends noch ins Fitnessstudio, weil er sonst zu wenig Bewegung hatte. Übrigens gab es ein Land, das tatsächlich eine erfolgreiche Verkaufsprämie für Fahrräder aufgelegt hat: Italien.

https://www.tagesspiegel.de/politik/fahrraeder-in-der-stadt-wegen-covid-italien-entdeckt-das-alltagsradeln/26172006.html

https://www.carwow.de/ratgeber/elektroauto/hyundai-e-praemie-2020-umweltbonus-fuer-elektroautos

https://www.oliver-krischer.eu/wp-content/uploads/2020/08/English_Studie.pdf

https://www.spiegel.de/auto/elektroautos-tatsaechlicher-co2-ausstoss-niedriger-als-bisher-angenommen-a-01907849-ede6-4f24-8c3f-89475aadbe69

https://www.umweltbundesamt.de/themen/verkehr-laerm/nachhaltige-mobilitaet/radverkehr

Fridays for Future vs. Fridays for Hubraum

Es ist ein beliebtes Motiv in der „gutbürgerlichen" Comedy und in den Facebook-Foren der selbstgerechten Dieselfans wie z. B. bei „Fridays for Hubraum": die Fridays-for-Future-Kids, die sich über die SUV-fahrende ältere Generation aufregen und mit dem Streamen von Gretas neuester Rede auf dem Smartphone selbst angeblich die viel schlimmeren Umweltschweine sind. Nuhr, stimmt das überhaupt?

Ich habe mich durch diverse Webseiten und Studien gearbeitet und weiß nun: Ja, es stimmt. Aber nur wenn man annimmt, dass der SUV nicht mehr als einen Kilometer am Tag bewegt wird. Und der jugendliche Greta-Fan 15 Stunden lang im mobilen Netz HD-Videos von Reden Gretas schaut. Ich fürchte, da würden vorher entweder der Akku, die Datenrate oder der Klimaaktivist in die Knie gehen. Ein Kilometer SUV-Fahren reicht auch nur knapp zum Brötchenholen. Entscheidend für Stromverbrauch und Emissionen sind das energiehungrige Handynetz – sobald das Streaming im WLAN erfolgt, dürfte der Hubraumfan nur noch ein Fünftel der Strecke zurücklegen, also 200 Meter. Das reicht nicht mal bis zum Zigarettenautomaten. Wird Netflix oder Greta dagegen auf dem massiven Flatscreen gestreamt, steigen die Emissionen wieder deutlich an, sind aber nie so hoch wie im mobilen Netz. Trotzdem sollte die Größe des Bildschirms nicht vernachlässigt werden. Wer übrigens die Videoqualität auf dem Smartphone unterwegs ein bisschen runterschraubt, kann Emissionen und Verlust an Datenrate meist ohne sichtbaren Qualitätsverlust locker auf die Hälfte absenken. Nicht zu empfehlen ist schließlich 3G. Bei diesem alten Übertragungsweg kommt es tatsächlich zu Emissionen bis 90 Gramm CO_2 pro Stunde.

Was das Streaming angeht, sind leider sehr viele absurde und offensichtlich für den maximalen Knalleffekt herbeigezwungene Zahlen im Umlauf. Ich habe mich auf die Daten von Umweltbundesamt, Ökoinstitut und der Fraunhofer-Gesellschaft gestützt, die am solidesten wirken. Die IEA nimmt in einem lesenswerten Artikel „The Shift Project" auseinander, das ziemlich offensichtlich völlig überhöhte Zahlen nutzt und sich teilweise um einen Faktor von 200 und mehr verschätzt.

https://www.umweltbundesamt.de/presse/pressemitteilungen/video-streaming-art-der-datenuebertragung

https://www.iea.org/commentaries/the-carbon-footprint-of-streaming-video-fact-checking-the-headlines

Wie viele Kilowattstunden (kWh) verbraucht eine Finanztransaktion?

Auch bei diesem Vergleich gilt: Die Dimension stimmt sehr sicher – die genauen Zahlen sind mit Vorsicht zu betrachten. Kreditkartenunternehmen sind bereits wenig auskunftsfreudig, der Bitcoinsektor aber ist die Finanz-FIFA der Intransparenz. Daher bleiben letztlich nur möglichst genaue Schätzungen. Sicher ist: Kreditkartentransaktionen gehen sparsam mit Energie um. Bitcoin hingegen verbrauchen beim Schürfprozess bzw. Mining unglaubliche Mengen von Strom. Nicht umsonst stehen die entsprechenden Rechenzentren meist dort, wo Strom günstig ist, z. B. in der chinesischen Einöde mit Direktleitung zum Kohlekraftwerk. Beim Mining knacken Hochleistungsrechner komplizierte Rechenaufgaben, um die Verschlüsselung zu validieren. Das muss man genauso wenig verstehen wie den Hype um dieses auch in halbseidenen Kreisen beliebte Zahlungsmittel – verstehen sollte man aber, dass der Stromverbrauch gigantisch ist. Schätzungen gehen davon aus, dass eine Bitcoin-Transaktion durch das Mining bis zu 300 kWh verbrauchen kann. Das entspricht ca. 300.000 Kreditkartentransaktionen. Die Zahl wird übrigens teilweise noch höher angesetzt, ich habe mich hier grob an Wikipedia gehalten. So kann man aus Umwelt- und Klimasicht nur hoffen, dass sich Bitcoin nie durchsetzen wird und Kryptowährungen mit effizienteren Verfahren das Rennen machen. Denn schon 2018 soll die Bitcoin-Szene deutlich mehr Strom verbraucht haben als Dänemark.

https://de.wikipedia.org/wiki/Bitcoin#Mining-Rechenleistung,_Stromverbrauch_und_Umweltverschmutzung

https://www.faz.net/aktuell/finanzen/digital-bezahlen/bitcoin-stromverbauch-bei-herstellung-enorm-hoch-15876893.html

https://www.sueddeutsche.de/digital/bitcoin-herstellung-energieverbrauch-1.4207289

Wie viel CO_2 emittiert das Pornostreaming weltweit?

Wie viel das Internet insgesamt und das Streaming weltweit an Strom verbraucht, ist sehr schwer exakt zu ermitteln und so sind die genannten Zahlen denn auch recht unterschiedlich. Sicher ist aber: Der Energieverbrauch nimmt von Jahr zu Jahr zu und erreicht inzwischen die Größenordnung des Verbrauchs westlicher Industriestaaten. Schätzungen gehen davon aus, dass die IT-Branche bis zu 7 Prozent des weltweiten Stroms verbraucht und das Internet allein bereits 2012 bis zu 4,6 Prozent. Bezogen auf die Treibhausgasemissionen wird der Anteil der IT-Branche auf 3,7 Prozent geschätzt, was fast das Doppelte des zivilen Luftverkehrs wäre (2 Prozent). Wobei der Klimaeffekt des Luftverkehrs durch die Kondensstreifen beim Flugverkehr fast verdreifacht wird und somit real mindestens 6 Prozent erreicht.

Trotzdem bleiben die Umweltkosten des Internets enorm. Dabei ist der Datenumsatz und der damit einhergehende Energie- und Stromverbrauch sehr ungleich verteilt: Circa 80 Prozent gehen auf Kosten des Videostreamings. Davon geht wiederum ein gutes Drittel auf die Kosten von Pornostreaming. Insgesamt produziert das Pornostreaming damit circa so viel CO_2 wie Griechenland. Ein ganz praktischer Tipp wäre, beim nächsten Solo-Schäferstündchen vielleicht auf HD zu verzichten. Das spart einen großen Teil der Datenrate und der Emissionen ein und das Bild ist ja auch so scharf genug. Ansonsten gilt, dass Strom die Energieform ist, die dank Solar- und Windstrom am einfachsten durch erneuerbare Energie ersetzbar ist. Also sollten wir uns genau dafür einsetzen. Mit Ökostrom werden Pornos zumindest aus Umweltsicht ein bisschen sauberer.

https://www.quarks.de/technik/energie/so-viel-energie-verbraucht-das-internet/

https://www.swr.de/wissen/20-jahre-google-umweltfacts-zu-suchmaschinen/-/id=253126/did=22378814/nid=253126/d2azhl/index.html

https://utopia.de/ratgeber/streaming-dienste-klima-netflix-co2/

https://www.nzz.ch/wirtschaft/streaming-ist-das-neue-fliegen-wie-der-digitale-konsum-das-klima-schaedigt-ld.1474563

https://www.welt.de/wissenschaft/article215249522/Luftverkehr-und-Klimawandel-Kondensstreifen-sind-das-Hauptproblem.html

Heute ein Vorbild

Deutschland sieht sich gern als ein Volk vorbildlicher Europäer und so erzählt die deutsche Regierung auch gerne anderen EU-Mitgliedsstaaten, wie Umweltschutz, Einhaltung von Schuldengrenzen und Binnenmarkt funktionieren. Dabei sammelt Sankt Deutschland unter dem EU-Heiligenschein als größter Nettozahler in der Union fleißig Vertragsverletzungsverfahren. Denn gerade bei Verkehr (wenig überraschend angesichts der CSU-Dauerplanstelle im Ministerium), Umwelt und Energie hält sich Deutschland häufig nicht oder nur zu spät an Vorgaben der EU. So landete Deutschland 2018 mit 80 offenen Verfahren direkt hinter Spanien auf Platz 2 der Sünderkartei. Und dabei ist noch gar nicht berücksichtigt, wie viele Zukunftsprojekte der EU maßgeblich von der deutschen Regierung torpediert wurden. Von der Finanztransaktionssteuer über die Digitalsteuer und die verpflichtende Offenlegung von Konzernstrukturen bis zur überfälligen Umstellung der Landwirtschaftssubventionen auf die Berücksichtigung ökologischer und sozialer Kriterien: Wenn es um die Interessen von Autoindustrie und Landwirtschaft geht, steht Deutschland gerne und häufig auf der Bremse und gefährdet dabei selbst die eigenen Staatsfinanzen und den Fortbestand der Union. Wird EU-Recht endlich umgesetzt, werden die Regelungen insbesondere im Bereich von Umwelt- und Naturschutz häufig so lax gehandhabt, dass der Schutzstatus in Nationalparks und Naturschutzgebieten hochgradig gefährdet ist. Aber das Selbstbild Deutschlands scheint von all dem erstaunlich unbehelligt, denn sicher ist: Bei der erstbesten Chance erklärt Deutschland den Italienern oder Polen, wie Naturschutz geht, obwohl beispielsweise fast niemand die Ostsee so konsequent überdüngt wie Deutschland.

https://www.handelsblatt.com/politik/deutschland/eu-recht-bei-vertragsverletzungsverfahren-liegt-deutschland-unter-allen-eu-staaten-auf-platz-zwei/25541472.html?ticket=ST-4512327-gZwOxxE3QWCKPZeKXCLG-ap6

https://netzpolitik.org/2020/wie-deutschland-die-eu-digitalsteuer-mitverhinderte/

https://www.tagesschau.de/investigativ/ndr/eu-steuertransparenz-103.html

https://www.sciencedirect.com/science/article/pii/S2590332220303559

https://www.ostsee-zeitung.de/Thema/H/Hochschulen2/Infoline/Deutsche-Fluesse-tragen-weiter-viele-Naehrstoffe-in-Ostsee

Die Bahn kommt (2)

Die wiedervereinigte Bahn hatte nach der Wende eine große Chance. Denn anders als die Deutsche Bundesbahn im Westen hatte die Deutsche Reichsbahn im Osten auch in der Region ein eng geknüpftes Netz. Man hatte also beste Voraussetzungen, um nach einer finanziellen Sanierung (beide Staatsbahnen waren völlig überschuldet) mit nach und nach modernisierten Zügen den Personen- und Gütertransport auf der Schiene zu erhalten und ein Ausbluten der Regionen zu verhindern. 1990 lag der Anteil der Bahn im Personenverkehr im Westen nur noch bei 21 Prozent, im Osten bei über 40 Prozent. Im Güterverkehr lag der Anteil im Osten sogar bei 77 Prozent.

Leider tat man genau das Gegenteil. Unter blühenden Landschaften verstanden die Westpolitiker offensichtlich vor allem blühende Autobahnrandstreifen. Der Westen hatte ja „gewonnen", also musste er alles richtig gemacht haben. Man holte nach, was im Westen schon geschehen war, und legte gnadenlos Strecke um Strecke still, bis das Netz nicht mehr wiederzuerkennen und genauso lückenhaft und unzureichend war wie im Westen. Natürlich ist kaum ermittelbar, welchen numerischen Effekt diese Stilllegungen auf die enorme Landflucht im Osten hatten, aber er wird große Dimensionen gehabt haben. Zudem wurden im Zuge dessen auch sichere und zukunftsfähige Fortbewegung und Arbeitsplätze zwangsabgewickelt, bis nur noch 14 Prozent der Fahrten im Personenverkehr mit der Bahn getätigt wurden. Man entließ Hunderttausende Angestellte in die Arbeitslosigkeit und Unsicherheit. Heute sucht man händeringend Arbeitskräfte. Unter dem MDR-Link gibt es übrigens einen recht eindrucksvollen Kartenvergleich des Bahnnetzes in Mitteldeutschland zwischen DDR und heute.

https://www.haz.de/Nachrichten/Politik/Deutschland-Welt/40-Prozent-der-stillgelegten-Bahnstrecken-liegen-in-Ostdeutschland

https://www.spiegel.de/wissenschaft/technik/deutsche-bahn-so-abgehaengt-ist-der-osten-wirklich-a-1298183.html

https://www.mdr.de/nachrichten/wirtschaft/regional/bahnstrecken-erst-stillgelegt-jetzt-heiss-ersehnt-100.html

https://www.tagesspiegel.de/wirtschaft/bundesbahn-und-reichsbahn-die-muehsame-wiedervereinigung-der-bahn/25202580.html

Was passiert mit deinem Geld?

Diese Grafik basiert auf den Enthüllungen im Rahmen der Luxemburg-Leaks. In vertraulichen Steuervereinbarungen bot man 343 internationalen Konzernen aus 82 Ländern, darunter Apple, Amazon, Google, IKEA, eBay Europe S.à r.l., Heinz, Pepsi, Ikea und Deutsche Bank, in Luxemburg die Möglichkeit, auf Kosten der Nachbarländer aggressive Steuervermeidungsmodelle zu realisieren. Whistleblower gaben Unterlagen dazu an Journalisten weiter, die diese aufwendig aufarbeiteten. Es handelt sich also um ein weiteres Beispiel von Skandalen, bei denen Journalisten die Arbeit übernehmen, die eigentlich staatliche Ermittlungsbehörden erledigen sollten. Auch beim Cum-Ex-Skandal und bei den Panama Papers war die freie Presse maßgeblich an der Aufklärung beteiligt.

Das zeigt, wie wichtig die freie Presse ist, wirft aber auch ein Schlaglicht auf unwillige oder unfähige Behörden. Da die Grafik Aufbau und Geldflüsse wiedergibt, will ich das hier nicht wiederholen, sondern für die Details auf die sehr guten und transparenten Zeitungsartikel verweisen. Ich will aber noch mit einem Missverständnis aufräumen. Online wurde vielfach der geringe Gewinn von Amazon von nur 475 Millionen Euro bei 11 Milliarden Euro Umsatz bezweifelt. Das Ziel von Amazon war, mit maximalem Geldeinsatz, Geschwindigkeit und schlankem Aufbau eine möglichst hohe Marktdurchdringung in möglichst kurzer Zeit zu erreichen. Jeff Bezos hatte den freien Markt in digitalen Zeiten verstanden: Es kann nur einen geben! Bei grenzenloser Skalierung muss das Ziel sein, schnell der größte Player zu werden, ein Quasimonopol aufzubauen und so die Marktregeln zu diktieren. Erst wenn das erreicht ist, werden die wirklichen Gewinne gemacht. Vorher hat Amazon daher auch jahrelang Milliardensummen verbrannt. Das Vorgehen lässt sich knapp zusammenfassen unter „Move fast and break things". Es hat dazu geführt, dass Amazon heute das Synonym für Onlinehandel im Westen ist und Jeff Bezos mit über 200 Milliarden der reichste Mensch der Welt.

https://www.zeit.de/2018/09/hightech-konzerne-umsatzsteuer-steuerausfall-europaeische-union

https://www.sueddeutsche.de/wirtschaft/luxemburg-leaks-wie-amazon-steuern-spart-1.2209884

https://futurezone.at/netzpolitik/luxemburg-will-keine-steuerrueckzahlung-von-amazon/302.316.062

https://de.wikipedia.org/wiki/Luxemburg-Leaks

Wie lang wäre ein Stau aus allen Autos des Landes?

Mir fällt immer wieder auf, dass viele Menschen sich schlicht nicht vorstellen können, dass wir so etwas wie den Klimawandel wirklich verursachen können. Denn irgendwie ist da diese Wahrnehmung: Wir sind so klein, die Erde so groß. Das stimmt, aber wir sind eben auch 7,7 Milliarden Menschen und in der Gesamtheit durchaus fähig, diesen Planeten großräumig zu verändern. Als Beleg einmal diese Grafik. Ich habe pro Auto im Stau fünf Meter Länge angenommen, die Autos stünden also fast Stoßstange an Stoßstange. Leider ist Wikipedia bei den Daten teilweise stark veraltet, daher habe ich diese mit vergleichsweise aktuellen Zahlen privater Statistikanbieter ergänzt . Interessant ist, dass China inzwischen selbst die USA überrundet hat und den derzeit mit Abstand größten Automarkt darstellt. Die Gesamtzahl ist im Grunde schon veraltet, wenn dieses Buch erscheint. Allein 2018 wurden unfassbare 24 Millionen Pkw in China verkauft und ein Stau aus allen Autos Chinas würde dreimal zum Mond reichen. In Deutschland wurden in den letzten Jahren „nur" noch um die 3,5 Millionen Autos zugelassen. Deutschland hat aber immer noch eine rund viermal so hohe Dichte an Autos pro Einwohner wie China. Hätte die ganze Weltbevölkerung so viele Autos wie Deutschland, könnten wir alle noch einmal Gas geben und dann vermutlich das Todesurteil für das Klima unterschreiben. In der EU ist der Verkehr für fast 30 Prozent der gesamten CO_2-Emissionen verantwortlich, von denen 72 Prozent auf den Straßenverkehr entfallen. Vielleicht wäre es klüger, statt einen Stau bis zum Mond zu bilden mal ernsthaft Alternativen auszuprobieren.

https://www.europarl.europa.eu/news/de/headlines/society/20190313STO31218/co2-emissionen-von-autos-zahlen-und-fakten-infografik

https://de.statista.com/statistik/daten/studie/12131/umfrage/pkw-bestand-in-deutschland/

https://de.statista.com/statistik/daten/studie/321522/umfrage/indien-fahrzeugbestand/

https://de.statista.com/statistik/daten/studie/219928/umfrage/anzahl-der-pkw-in-china/

https://en.wikipedia.org/wiki/Passenger_vehicles_in_the_United_States#Total_number_of_vehicles

https://de.statista.com/statistik/daten/studie/318560/umfrage/brasilien-fahrzeugbestand-pkw/

https://financesonline.com/number-of-cars-in-the-us/

In 1 Sekunde

Mit dem Geld, das Jeff Bezos in einer Stunde verdient, könnte er locker diverse Fußballfelder Regenwald oder Zehntausende Tiere retten. Er setzt sein Vermögen aber lieber ein, um wie andere Milliardäre von der Besiedelung des Weltraums zu träumen, während unser aller Wirken in Richtung einer nicht mehr lebensfähigen Erde geht. Denn alle Zahlen in der Grafik tendieren dazu, größer zu werden. Bis natürlich auf die Anzahl der Meter, die Sprintrentner Usain Bolt zurücklegt, während Jeff Bezos sein Geld zählt. Fun Fact: In der Zeit, die Jeff Bezos braucht, um sein Sekundenvermögen in 20er-Scheinen zu zählen, hätte er bereits wieder 200.000 Euro verdient. Jetzt sind vermutlich viele am Schmunzeln, allerdings sollte man dabei nicht vergessen: Die 2500 Tiere und die 3,1 Autos kauft oder isst nicht Jeff Bezos. Das machen wir alle. Obwohl wir wissen, dass Fleisch und Autos zu den Haupttreibern des Klimawandels gehören und insbesondere die Fleischproduktion den Verlust eines halben Fußballfeldes Regenwald pro Sekunde maßgeblich mitverursacht. Das dort häufig angebaute Soja geht nur zu sehr kleinen Anteilen in die vegetarische Ernährung, sondern wird zumeist genutzt, um Tiere zu füttern. Wenn wir aber wissen, dass weniger Fleisch und Auto ganz gut wäre für die Welt und uns trotzdem nicht anders verhalten, dann stellt sich die Frage: Würden wir uns eigentlich altruistischer als Jeff verhalten? Und wäre es nicht Zeit, damit im Kleinen anzufangen? Jede Sekunde zählt.

https://lui.vn/wie-viele-tiere-werden-weltweit-pro-jahr-geschlachtet.html

https://www.regenwald.org/news/3286/regenwaldrodung-mehr-als-ein-halbes-fussballfeld-pro-sekunde

https://www.vermoegencheck.com/jeff-bezos-vermoegen/

http://www.live-counter.com/autos/

https://www.live-counter.com/weltbevoelkerung/

https://www.worldometers.info/de/

Die wahren Kosten der Energie

Was hatten wir für ideologische Grabenkämpfe um die Förderungen von Fotovoltaik (Solarstrom) und Windstrom. Die über das EEG gesicherten Einspeisevergütungen sollten Deutschland angeblich in die sichere Pleite und die EEG-Umlage die stromintensiven Unternehmen in den Ruin führen. Durch geschickten Lobbyismus wurde bald fast das komplette Gewerbe zügig von der EEG-Umlage befreit und das EEG, eines der in seiner Anfangsversion erfolgreichsten Gesetze der neueren Zeit, von Energiekonzernen und schwarzgelber und schwarzroter Regierung waidwund geschossen, bis nur noch ein verunstaltetes Gerippe überblieb. Völlig überstürzt wurden Vergütungen gekürzt und in der Folge die deutsche Solarbranche im Namen der Kohlekonzerne fast vernichtet. Ausgerechnet unter der „Klimakanzlerin" wurde dann auch noch die Onshore-Windbranche Richtung Abgrund gestoßen. Wenn es heute noch Arbeitsplätze in Wind- und Solarbranche gibt, dann nicht wegen, sondern trotz unserer derzeitigen Regierung.

Dabei haben wir die absurde Situation, dass Sonne und Wind längst günstiger sind als Strom aus neuen Atom- oder Kohlekraftwerken. Und das, obwohl der Markt völlig zu Ungunsten der erneuerbaren Energien verzerrt ist. Denn das ist ja das Absurde: Dass die erneuerbaren Energien jahrzehntelang für die angebliche Überförderung gerügt wurden, dabei waren und sind es die fossilen Energien und die Atomkraft, die weltweit den weitaus größten Teil an Subventionen abgreifen. Trotzdem ist zum Beispiel Solarstrom auf Privatdächern inzwischen so günstig, dass in Deutschland ein bürokratisches Hemmnis nach dem anderen erlassen wird, um das Geschäftsmodell der großen Energieversorger zu schützen. Solar- und Windstrom ist längst günstiger, obwohl die fossilen Energien und auch die Atomkraft bis heute stark subventioniert sind, also völlig verfälschte Preise haben. Denn während Sonne und Wind emissions- und risikofrei Strom produzieren, sind die Kohle-, Öl- und Gaskraftwerke der weltweit größte Treiber für Klimawandel und Luftverschmutzung und verursachen damit heute bereits Kosten, die jährlich im drei- bis vierstelligen Milliardenbereich liegen. Der angeblich CO_2-freie Atomstrom ist nicht CO_2-frei. Die Gewinnung von Uran, der Bau und Rückbau der Kraftwerke, der Transport und die Endlagerung des Atommülls – all das produziert große Mengen an CO_2.

Die Folgekosten der Atomkraft wiederum sind potenziell unendlich. Denn den Atommüll wird man nach menschlichen Maßstäben für immer lagern müssen. Die Folgekosten allein von Tschernobyl und Fukushima liegen jährlich im Milliardenbereich. Was zweimal passiert ist, kann auch ein drittes oder viertes Mal passieren – so schwingt bei jedem Atomkraftwerk die Gefahr eines Super-GAUs mit enormen Kosten für Wirtschaft, Umwelt und Gesellschaft mit. Nichts von diesen Kosten oder Gefahren müssen die Betreiber von Atom- oder Kohlekraftwerken bezahlen. Im Gegenteil: Sie werden sogar noch entschädigt und bekommen Milliardensummen, wenn sie ihre Kraftwerke angeblich früher abschalten (und vorher künstlich die Laufzeiten verlängern, um später für eine Kürzung zu kassieren). Diese Grafik versucht daher, einmal alle weltweiten direkten und versteckten Subventionen zusammenzufassen. Sie basiert dabei größtenteils auf einem Paper der International Renewable Energy Agency (IRENA), ergänzt durch eigene Nachforschungen im ungenügend abgebildeten Atomkraftbereich. Auch hier gilt, die Welt ist längst nicht transparent genug, um die absoluten Zahlen sicher zu wissen, aber die Größenordnung ist stimmig. Bei Klimawandel und Folgekosten der Atomkraft läuft der Balken übrigens mit gutem Grund aus und es ist ein Größer-als-Zeichen ergänzt. Die angenommenen Zahlen sind eher als Untergrenze zu sehen. Nach oben sind in beiden Fällen angesichts großflächiger Vernichtung des Lebensraumes von Menschen und Tieren kaum echte Grenzen gesetzt. Es gibt übrigens bis heute weltweit kein Endlager für Atommüll. Auch ein Fakt, den man sich täglich wieder ins Bewusstsein rufen sollte.

Übrigens: Die bei der Produktion verbrauchte Energie haben Wind und Sonne in wenigen Monaten wieder drin. Da sie zudem 20 und mehr Jahre laufen, spart jede Wind- und Solaranlage große Mengen CO_2 ein. Beide Energieformen sind zudem ökologisch unbedenklich, wenn das Recycling am Ende der Lebensdauer ansteht. Und das Märchen vom Vogelkiller wird höchstens bei Fenstern wahr. Denn während Windkraftanlagen im Jahr geschätzt 10.000 bis 100.000 Vögel auf dem Gewissen haben, töten Fensterscheiben bis zu 18 Millionen und die 15 Millionen Hauskatzen und rund 2 Millionen verwilderten Katzen kommen auf bis zu 150 Millionen getötete Vögel im Jahr. Wer also wirklich Vögel schützen will, sollte sein Küchenfenster einschlagen und die Katze kastrieren oder einfach den Stromanbieter auf Ökostrom wechseln. Denn der Klimawandel ist heute schon einer der Haupttreiber für das Vogelsterben.

https://irena.org/-/media/Files/IRENA/Agency/Publication/2020/Apr/IRENA_Energy_subsidies_2020.pdf

https://www.captain-futura.de/2020/09/27/atomkraft-subventionen/

https://www.greenpeace-energy.de/fileadmin/docs/pressematerial/Hinkley_Point/200424_FOES_Kosten_Tschernobyl.pdf

https://www.spiegel.de/wirtschaft/soziales/japan-rechnet-mit-kostenexplosion-durch-fukushima-folgen-a-1118164.html

https://www.faz.net/aktuell/finanzen/steuerzahler-tragen-die-kosten-der-energiewende-14209053.html

https://www.handelsblatt.com/politik/deutschland/world-nuclear-waste-report-die-endlagerung-von-atommuell-ist-weltweit-weiterhin-ungeloest/25214002.html?ticket=ST-4609590-DsJ4wRfzbSTYaHQKRacO-ap6

ENDE